山口仲美

# 日本語が消滅する

GS 幻冬舎新書 694

日本語が消滅する／目次

イラスト　なかがわみさこ
図版・DTP　美創

# 第一章　おしよせる言語消滅の波

## 消滅の予兆

日本語が消滅する？　そんなことあるわけないでしょとお思いになった方も多いでしょう。でも、油断をすると、日本語も消滅するのです！　世界のあちこちで、その民族固有の言語が消滅しているのと同じように。

ご存じのように、日本では、二〇二〇年から、小学三年生からの英語教育が始まりました。[*1]未来を背負う子供たちが、自国語を十分にマスターしないうちに、英語教育を始めることは、将来的にその国固有の言語の衰退を招きます。日本語学者の宮島達夫さんも指摘しています、[*2]「小学校への英語導入という決断をするには、日本人が将来英語モノリンガルになる第一歩になるかもしれない、という覚悟をしておく必要があります」と。

小学校への英語導入という決断は、最初のうちは、母国語である日本語とのバイリンガル（＝二つの言語を話せる人）を生み出しますが、やがて世界共通語の英語のみを話すモノリンガル（＝一つの言語のみを話す人）になっていくということが分かっています。[*3]

あ～あ、日本語はもうお終《しま》いかもしれない。そんなに遠くはない将来を思って、私は愕然《がくぜん》としました。母国語のとりかえが起こり得る事態に一歩足を踏み込んでいるのです。

そんな危機感から、この本を執筆しました。八つの章からなります。第一章のテーマは、世界のどのような地域で民族固有の言語が加速度的に消滅しているのかを明らかにすることです。なお、この本では、親しみやすさを考慮して、人名には「さん」を付けるだけにします。「博士」などの称号は、用いません。また、随所に「注」の「＊」が付いていますが、参考文献名をあげてあるだけなので、気にせずにぐんぐん本文を読み進めていただければ幸いです。「注」は、巻末にまとめて掲載しておきます。

## 世界にある言語の総数は

世界地図を開いて人間の住んでいる陸地を眺めてみてください。一体、この広大な陸地では、現在どのくらいの種類の言語が話されているのでしょうか？

アメリカのＳＩＬインターナショナルの刊行する『エスノローグ―世界の言語―』(Ethnologue –Languages of the World、第24版、二〇二一年）のデータベースには、現在、世界に存在する言語として七一三九種類が登録されています。[*4] けれども、大まかに六〇〇〇種類から七〇〇〇種類と考えておくのが妥当な気がします。というのは、言語を数えるのは、ものすごく難しい。一つの「言語」とみなすのか、それとも「方言」とみなして言語数にはカウントしないのか、といった問題が起こることが多いからです。たとえば、『エスノローグ』の日本の項を見ます。すると、「日本語族」として、次の一二種類の言語が数え上げられています。

日本語、①北奄美《きたあまみ》語《ご》、②南奄美語、③喜《き》界《かい》語《ご》、④徳之《とくの》島語《しまご》、⑤国頭《くにがみ》語《ご》、⑥沖永良部《おきのえらぶ》語《ご》、⑦中央沖縄語、⑧与論《よろん》語《ご》、⑨宮古語、⑩八重山語、⑪与那国《よなぐに》語《ご》。

傍線と番号を付けた一一種類の言葉まで、「日本語」にならぶ「日本語族」として数え立てられているのです。⑤の国頭語は、沖縄本島の北部で話されている言葉です。①から⑪の言語は、鹿児島県の島々と沖縄県の島々で話されている言葉です。⑩の八重山語は、西表島《いりおもてじま》や石垣島や波《は》照間《てるま》島《じま》などの八重山諸島で話されている言葉です。これらの

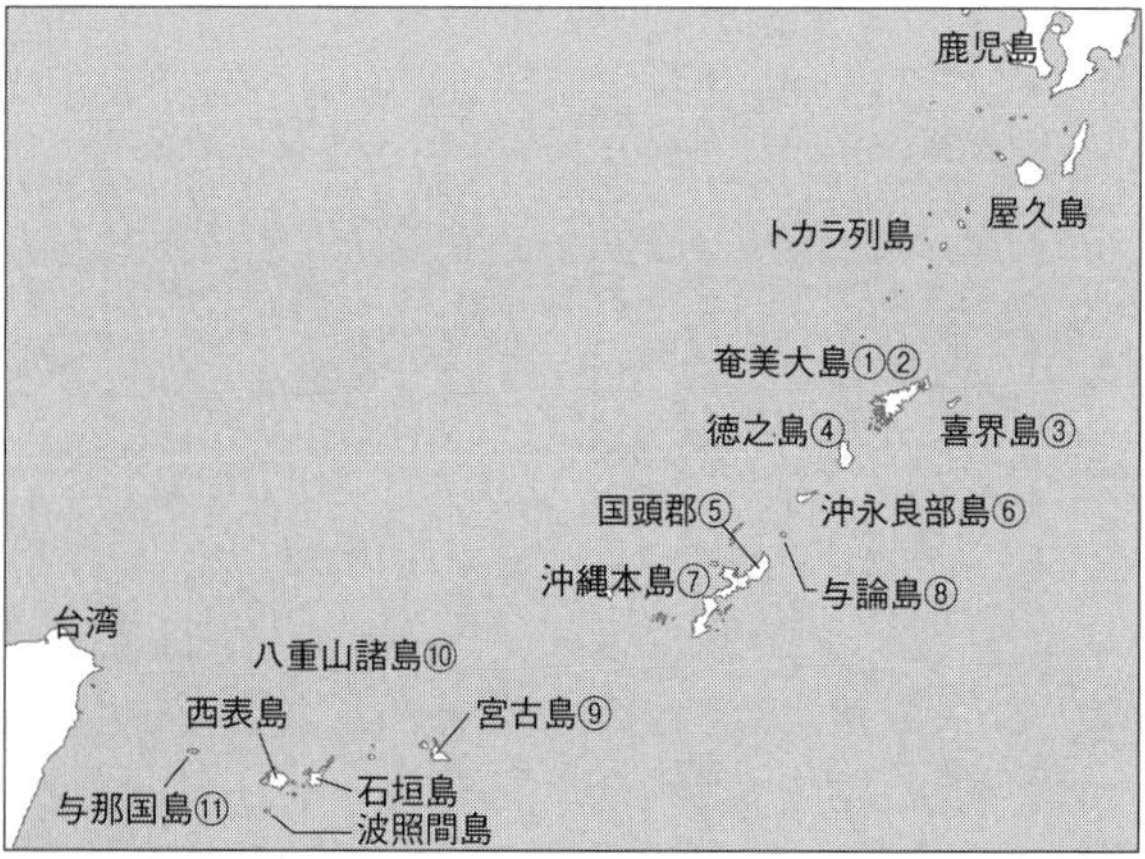

(図1)琉球方言を話す島々。

言語の話されている場所を、図1に示しておきます。

私たち日本人は、これら①から⑪の言語を、日本語とは違った別の「言語」と考えていますか？　いませんよね。日本語の中の「方言(琉球方言)」ととらえています。でも、『エスノローグ』では、別の言語としてカウントしています。ですから、『エスノローグ』のデータベースにある七一三九種類という数は、「方言」も「言語」数にカウントされている可能性が高く、割引して考えておくほうが無難だと思えます。

でも、一方では、ニューギニア島の内陸高地部、南アメリカのアマゾン地域、サハラ以南のアフリカなど、山岳地帯や道路のない地域では言語調査が行き届いておらず、そうした地域には、まだ数えられていない言語の存在する可能性があります。[*5]

というわけで、『エスノローグ』に掲載されている言語総数から若干の差し引きを行なって、現在、世界にある言語は、六〇〇〇種類から七〇〇〇種類と考えておくといいというわけです。さらに、現在、少数の話者しかいない言語が、日夜消滅していっている現状を考えると、六〇〇〇種類として話を進めるのが無難です。

## 世界各地で、消滅している

世界にある言語数は六〇〇〇種類と言っても、中国語や英語やスペイン語のように億単位の人々に母語として用いられている多数者言語もあれば、一〇人以下の話者しかいない「少数者言語」もあります。以下、「少数者言語」と言う時は、「少数の人が使っている言語」の意味で用いていきます。ユネスコ（国際連合教育科学文化機関）の調査によると、一〇人以下の話者しかいない言語は、なんと一九九もあるのです！[*6]

こんなふうに、話者数が言語によって、大きく異なっています。母語話者数の多い順に言語を並べて一位から二〇位まで行くと、もう世界人口約八〇億人[*7]の半数近くである三五億人を占めてしまいます。つまり、地球上に住む人間の半数近くの三五億人は、たった二〇種類の言語で賄《まかな》われていることが分かります。残りの四五億人の人々が、五九八〇種類の多様な言語を話しているわけです。今、消滅の危機に見舞われているのは、この話者数の少ない言語です。

## 日本語話者数の世界ランク

すると、日本語のことが気になりますね。日本語は、母語話者数から見ると、世界の言語の中でどのくらいの位置にいるのでしょうか？　第九位です。一位は中国語で、母語話者数はおよそ八億八五〇〇万人、二位が英語で四億人、三位がスペイン語で三億三二〇〇万人、四位がヒンディー語で二億三六〇〇万人、五位がアラビア語で二億人、六位がポルトガル語で一億七五〇〇万人、七位がロシア語で一億七〇〇〇万人、八位がベンガル語で一億六八〇〇万人。

そして、九位が日本語で一億二五〇〇万人です。日本の人口が、日本語の母語話者数になっているのです。ちなみに、一〇位はドイツ語で一億人です。こうして、二〇位までの母語話者数を合計していくと、世界人口の半数近い三四億九二〇〇万人になります。[8]

このデータを知ると、日本語は、母語話者数が第九位だから、滅びることなんてないんじゃないと、胸をなでおろす方がいらっしゃるに違いありません。確かに、母語話者数から見ると、滅びる危険性の少ない言語の一つです。

でも、言語の消滅の原因は、母語話者数のみにあるわけではありません。日本語は、英語やスペイン語などの世界共通語にはない消滅しやすさを抱えています。英語やスペイン語などは、発祥の地であるイギリスやスペイン以外の土地でも話されています。さらに、英語やスペイン語は、第二外国語として世界中で学ばれています。

ところが、日本語は日本以外の国で話されることはありません。第二外国語として学ばれることも多くはありません。[9] 日本語は日本でしか話されていない孤立言語です。

ちなみに、第二言語として学んでいる話者数を加えて世界の言語の使用状況をとらえると、英語が第一位の座につきます。さすがに世界共通語の貫禄《かんろく》です。合計一三億五〇〇〇万近くの人に使われています。こうした第二言語の話者数も加えて順位を並べなおすと、日本語は一三位に下がります。[*10]

しかも、日本語の母語話者である日本人の人口は、現在減り続けています。さらに、日本は始終災害に見舞われています。日本列島が壊滅的な被害を受けて、日本人が極端に少なくなったら？　そのうえ、心配なのは、英語さえできればいいと思っている人が増えていることです。

日本人は、自分たちの精神的支柱となっている日本語を、世界共通語となった英語から守りきることができるのでしょうか？　日本語も、決して安全ではないのです。

## どんな言語が危機に

さしあたり、言語消滅の波に襲われているのは、少数者言語です。ユネスコでは、消滅の危機にさらされている言語を二五〇〇種類ほど列挙しています。[*11] こうした危機言語がクローズアップされたのは、一九九一年七月のアメリカ言語学会大会でした。[*12]

それから三〇年。日に日に少数者言語は、消滅しています。

「世界のどこかで、二週間に一人のペースで、衰退しつつある言語の最後の話者が死ん

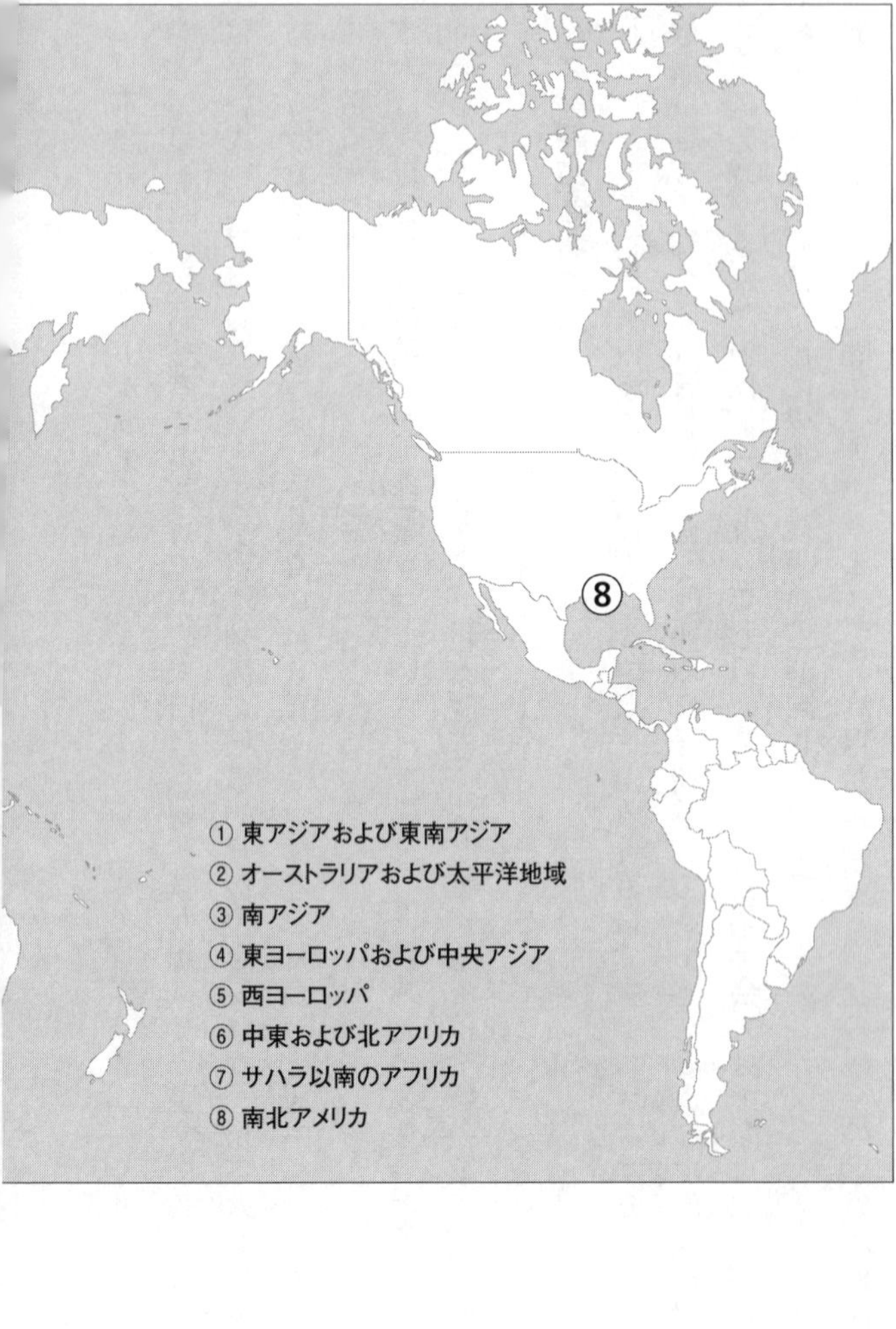
⑧
① 東アジアおよび東南アジア
② オーストラリアおよび太平洋地域
③ 南アジア
④ 東ヨーロッパおよび中央アジア
⑤ 西ヨーロッパ
⑥ 中東および北アフリカ
⑦ サハラ以南のアフリカ
⑧ 南北アメリカ

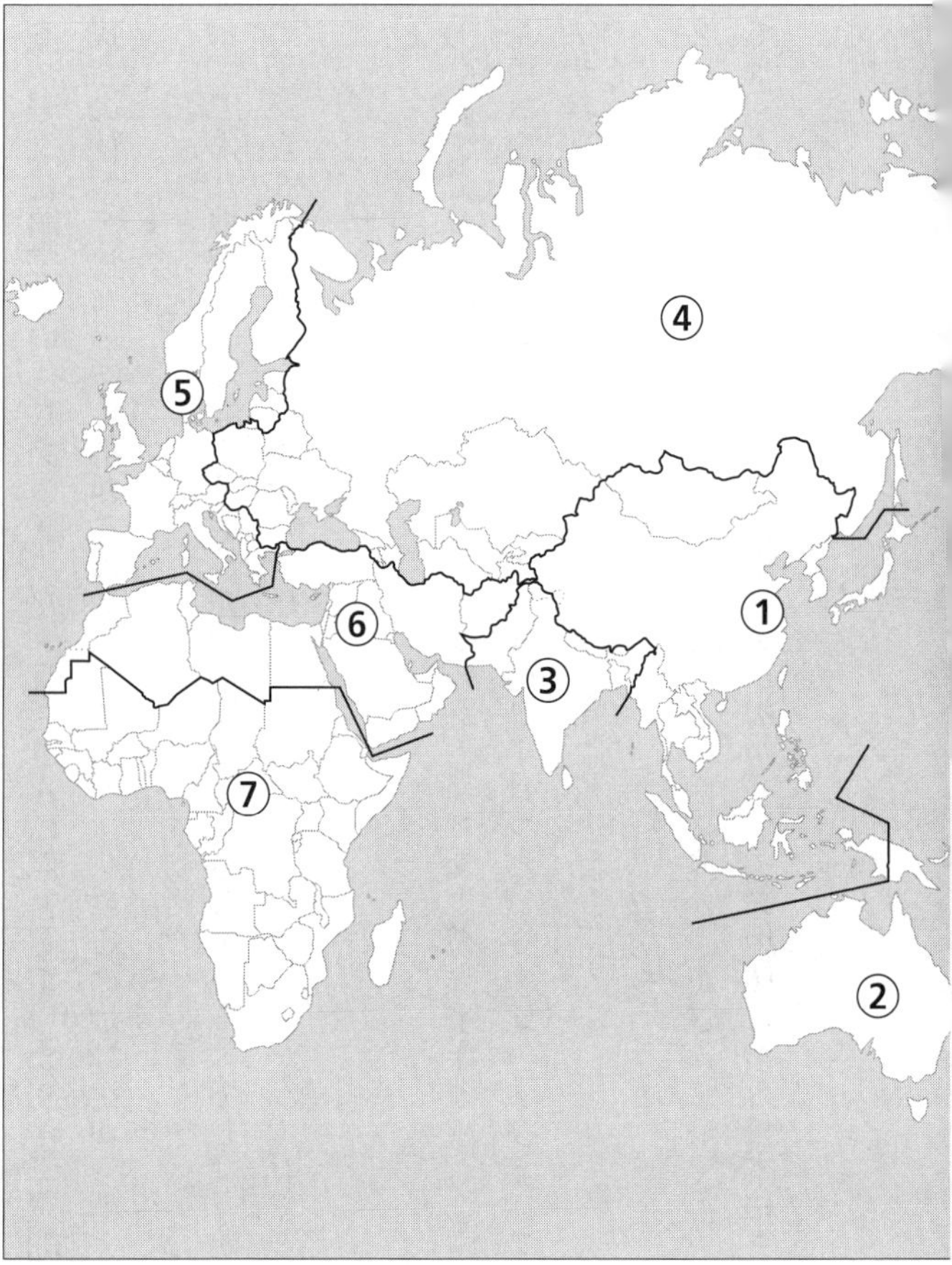


（図2）世界を8つの地域に分ける。

でいる」と、言語学者のニコラス・エヴァンズさんは発言しています。[*13] 二週間に一つ、ある民族の使っていた言語が消滅しているのです。永久にこの地球上から消えているのです。

では、どんな地域のどんな言語が消滅の危機にさらされているのでしょうか？　世界を次の①から⑧までの八つの地域に分けて、その様相を大きくつかんでおくことにします。

①東アジアおよび東南アジア、②オーストラリアおよび太平洋地域、③南アジア、
④東ヨーロッパおよび中央アジア、⑤西ヨーロッパ、⑥中東および北アフリカ、
⑦サハラ以南のアフリカ、⑧南北アメリカ。

図2をご覧ください。日本を起点にして、ほぼ西に向かって進んでいくという順序です。では、まず、①東アジアおよび東南アジアから。この地域にある日本にまずは注目。

## 日本の消滅危機言語

ユネスコの調査では、日本で消滅の危機にある言語は「八つ」と指摘されています。「えっ」と驚く方もいらっしゃるでしょう。そこに記されている言語とは、次のものです。

　アイヌ語、奄美語、八丈語、国頭語、宮古語、沖縄語、八重山語、与那国語。

奄美語、国頭語、宮古語、沖縄語、八重山語、与那国語は、すでにお話ししたように、日本語の中の「琉球方言」と考えるのが普通です。また、八丈語も、日本語の中の「八丈島方言」です。「方言」だとしても、消滅の危機を迎えていることは間違いありません。

日本全国の方言は、五〇年くらい前から消滅の危機が叫ばれていました。一九九九年には、「基本的な部分は共通語で固められた上に、感情表出に関わる単語や終助詞などに方言的要素を散り《(ママ)》ばめるといった程度のものが、今や方言的な会話の実態」と言われています。[*14]

方言は、国家という概念ができると、減少する傾向があります。[*15]ゆっくりと国家の標準的な言語形態に向かって方言が変化し、消滅していってしまうからです。[*16]

方言の消滅に続くのは、より高いレベルの国家語です。つまり「日本語」の消滅です。「日本語」の消滅の恐れさえ、抱かなくてはならない状況になってきたのです。消滅の波は、「方言」から国家レベルの「日本語」にまで、ひたひたひたと音もなく、おしよせてきています。

## アイヌ語が、消滅危機言語

日本の消滅危機言語として列挙されていた八言語のうち、アイヌ語だけは実際それに該当してしまいます。アイヌ語は、日本語の「方言」ではなく、別の「言語」とみなせるからです。アイヌ語は、日本語と違って、たとえば「きゃ」「きゅ」「きょ」のような拗音《ようおん》がなかったり、逆に、「kut」（＝帯のこと）のように、子音《しいん》で終わる語がたくさんあったりします。[*17]ですから、確かに日本語とは別の系統の言語だと判定できます。

アイヌ語は、かつて樺太《からふと》（サハリン）・千島列島そして北海道から本州の東北地方までにわたる広い範囲で話されていましたが、一九九〇年代には、樺太や千島列島で消滅[*18]。北海道でもアイヌ語を流暢《りゅうちょう》に話せる人はほとんどいなくなり、消滅寸前に。

その原因の一つは、日本が明治時代以降、北海道開拓を進め、日本人を入植し、さらに、強引に先住のアイヌの人たちを日本に編入し、日本語や日本文化を教え込む同化政策を施したことにあります。

その結果、アイヌの子供たちはだんだんアイヌ語を話さなくなり、老人たちだけが使うという危機的な状況に陥っていったわけです。一九九七年には、「アイヌ文化振興法[*19]」が制定され、それをきっかけに、アイヌ語の保護育成活動が起こっていますが、残念ながら消滅危機言語から抜けきってはいません。というわけで、日本での消滅危機言語は、アイヌ語だけと考えていいでしょう。

## 東アジアおよび東南アジアでは

次に、日本以外の①東アジアおよび東南アジアでの消滅危機言語に目を向けてみます。図2の①に示した範囲の国々が、ここでの対象です。それぞれの国が抱える消滅危機言語を、ユネスコの調査に従って集計していくと、中国とインドネシアが、抜群に数値が高いという結果が出ます[*20]。

中国での消滅危機言語は、一四九言語、インドネシアは、一四七言語。その他の国々の消滅危機言語は、多くてもラオスで三二言語、ミャンマーで二八言語です。日本では、消滅危機言語は、アイヌ語だけでしたね。中国とインドネシアでの消滅危機言語がいかに多いかがお分かりいただけるでしょう。

そこで、この二つの国の消滅危機言語の様相に焦点を合わせます。ただし、インドネシアについては、ニューギニア島の状況に関わっていますので、次の②オーストラリアおよび太平洋地域で、パプアニューギニアと一緒に取り上げることにします。

中国政府は、元来、五五の少数民族を公式に認定し、それらの民族が固有の言語を使う権利を保障していました。ところが、最近では、ウイグル族への抑圧と中国語の強要といった政策に端的に表れているように、中国語への同化政策を推し進めています。

そのため、五五の少数民族の言語のうち、鄂倫春語《オロチョンご》をはじめ、一八の言語が消滅寸前の言語となっています。[*21] そのほか、中国の吉林省《きつりんしょう》・黒龍江省《こくりゅうこうしょう》・遼寧省《りょうねいしょう》に住む朝鮮族でさえ、朝鮮語と中国語のバイリンガルになっていると報告されています。[*22] バイリンガルの次にやってくるのは、中国語モノリンガル（＝中国語だけを話す人）ですから、中国にある朝鮮語も早晩、消滅の危機に見舞われてしまう言語です。

また、中国の甘粛省《かんしゅくしょう》や青海省《せいかいしょう》にあるモンゴル系の言語で、保安語《バオアンご》、東郷語《ドンチャンご》も、中国語に吸収されて消滅してしまう危険性があると報告されています。[*23] 保安語の話者は、約七〇〇〇人、東郷語は、約二〇万人と言われており、決して少なくない話者数の言語なのですが、消滅の波に飲み込まれ始めています。

さらに、消滅の波は、中国奥地にまで及んでいます。木雅語《ムニャご》は、中国奥地で話されており、話者数は一万人ほど。しかし、今や、家庭内にまで中国語が浸透してきていて、消滅寸前であることが報告されています。[*24] こうして、中国の少数民族の言語は、政府の同化政策によって、今、次々に消滅しつつあります。

## オーストラリアおよび太平洋地域では

では、次に、②オーストラリアおよび太平洋地域に進みます。この地域にある国々の中で、消滅危機言語の多い国は、オーストラリアとパプアニューギニアです。それぞれ、消滅危機言語は、一〇八言語、九八言語です。ニューギニア島の西半分を領有するインドネシアの消滅危機言語は、前節で述べたように、一四七言語でしたね。

インドネシアとパプアニューギニアの消滅危機言語の状況には、共通点があります。それは、ともに消滅危機言語の大半がニューギニア島にあることです。ニューギニア島の東半分はパプアニューギニアが領有しています。

ニューギニア島は、世界で二番目に大きな島ですが、熱帯の密林、湿地、高山によって隔てられた小さな地域がたくさんあります。そこに、それぞれ三〇〇〇人以下の部族が住み、[*25]孤立して長い年月を過ごした結果、部族ごとに全く異なる少数者言語がたくさんできあがったのです。[*26]

そして、各部族の言語の違いは、それぞれの部族の紋章《もんしょう》的な役割を果たしていました。つまり、同じ部族の人間かどうかを見分ける手段でもあったのです。

ところが、ニューギニア島に白人がやってきてから、多種多様な言語は次々に消滅していく羽目に陥りました。その様子を、人類学者のドン・クリックさんは、鮮烈な筆致《ひっち》で報告しています。[*27]

## やせ細っていく言語

ドン・クリックさんが、当時の地図にも載っていないニューギニア島のガプンという密林の中にある部族の村にたどり着いたのは、一九八五年。人口一〇〇人程度の村でした。その時すでに、彼ら固有のタヤップ語は老人たちしか話さない言葉になっていたのです。

というのは、白人たちが、一九一六年頃からニューギニア島にプランテーション（＝大規模農園）をつくり、そこで働く労働力として部族の若者たちを連れ去り、三年くらいの契約で雇用していた。出稼ぎに行った若者たちは、プランテーションでトク・ピシン（＝英語を基礎としてドイツ語やさまざまな土着言語が混ざり合ってできた共通語）を覚え、部族の村に持ち帰った。村の女性たちもトク・ピシンを使い始め、子供たちにもトク・ピシンで話しかけた。つまり、一九八五年時点で、すでに部族の言葉・タヤップ語は子供たちにも学ばれていない言語になっていたのです。

老人たちの死とともに消滅すると思われたタヤップ語でしたが、実は、若者たちが老人たちのいない場所では使っていました。老人たちが若者たちのタヤップ語を「なっていない」と貶《けな》すために、表立っては使わなかったのです。しかし、それもつかの間。二〇〇九年頃には、若者たちも、タヤップ語を聞き取ることはできましたが、もはや話せない状態になってしまったのです。

若者言語において、タヤップ語は、削られて細い爪楊枝《つまようじ》のようにやせ細ってしまったのです。ユネスコの消滅危機言語調査でも、タヤップ語は「重大な危険」と記されています。

同じくパプアニューギニアのムリク語も、一千数百人の話者がいたにもかかわらず、トク・ピシンが母語化して、ムリク語を話す若者がいなくなり、消滅の危機に瀕《ひん》していると報告されています。*28

こんなふうに、ニューギニア島の少数者言語は、白人との接触によって交易語（＝物品の交換や売買で使う言語）として生まれたトク・ピシンにのりかえることによって、捨てられ、消えていっています。自分たちの言葉が先祖伝来の知恵の詰まった宝石箱であることを意識することもなく。

## アボリジナルの言語

オーストラリアも消滅危機言語の多い国でしたね。オーストラリア大陸は、ヨーロッパ人に発見されるまで、アボリジナル（＝先住民族の総称）の楽園でした。ところが、一八世紀後半になると、イギリスがオーストラリア大陸を侵略し、植民地支配を強め、アボリジナルへの迫害と差別政策をとりました。

とくに有名なのは、アボリジナルの子供たちを両親から隔離し、施設で育て、白人たちの社会に同化させる政策です。親から子に伝えられる先住民の言葉の継承をぷつんと切断したのです。その結果、先住民の言語はみるみる消滅。二五〇を超えるアボリジナルの言語は、一二〇種類まで減ってしまったのです。[*29] 約六〇〇種類もの言語が存在したのに、現在のオーストラリアには、一五〇種類の言語しかありません。[*30] そのうちの一〇八言語が消滅危機言語に認定されています。こうした事態に直面し、オーストラリアは、先住民族言語の維持・復興に前向きに取り組み始めています。

## 南アジアでは

さて、そのまま西に進んで、③南アジアに行きましょう。この地域にある国で、消滅危機言語が群を抜いて多いのは、インド。一九九の言語に消滅の危機が指摘されています。一九六一年のインドの国勢調査では一一〇〇種類もの言語があったのですが、二〇一三年の調査では八七〇の言語に減少。[*31] なんと、たった五〇年余《ねんよ》で、二三〇種類の言語が消失してしまったのです。

その原因の一つは、イギリスによる植民地化に遡《さかのぼ》ります。多くの先住民が殺戮《さつりく》されたり、白人によって持ち込まれた病気で亡くなったりして、少数者言語が数多く消失。

さらに、近年では、都市部への大規模な人口移動が起こり、少数民族の存続自体が危ぶまれる事態も生じています。彼らは都市部に出ても、差別を避けるために出身の部族とその言葉を隠し、公的共通語であるヒンディー語や英語を話します。あるいは、憲法で認められた二二の指定言語のどれかを話します。

こうして、現在、一九九の言語が消滅の危機にさらされています。

## 東ヨーロッパおよび中央アジアでは

続いて、④東ヨーロッパおよび中央アジアに進みます。この地域にある国の中で、消滅危機言語を最も多く抱えるのは、ロシア。一三一の言語に消滅の危機が指摘されています。消滅理由は、先住民族に対するロシアの同化政策です。チュクチ語をはじめ、北東アジアの少数民族語がロシア語に押されて消滅の危機に陥っています。[*32]

その中の一つであるコリャーク語については、言語学者の呉人《くれびと》恵《めぐみ》さんが、消えゆく姿を克明に伝えてくれます。[*33] 呉人さんは、カムチャツカ半島北部を中心に広がるコリャーク語を話す小さな村を転々と移動し、苦労してフィールドワーク（＝現地調査）をしています。

調査開始の一九九〇年代にはコリャーク語の話者は五〇〇〇人弱。その時は、動植物を表す語彙がまことに豊か。「カモメ」一つとっても、成長段階によって表す言葉が違っているのですから。たとえば、「チッリュチリ」は幼いカモメ、「ジャクジャク」は成長したカモメというぐあいに。

しかし、コリャーク語はロシアの同化政策によって、みるみる話者を失い、若者たちは伝統的な衣装をまとってコリャーク人らしくしているにもかかわらず、コリャーク語をまともに話せなくなっている事態に。一九九九年には、コリャーク族の子供たちの入る寄宿学校では、ロシア語漬けの教育を施されるので、子供たちは初歩のコリャーク語さえ話せなくなっていたのです。

政治の力で短期間にコリャーク語が音を立てて崩れていったことに、呉人さんは「恐怖に近い」衝撃を受けたと記しています。

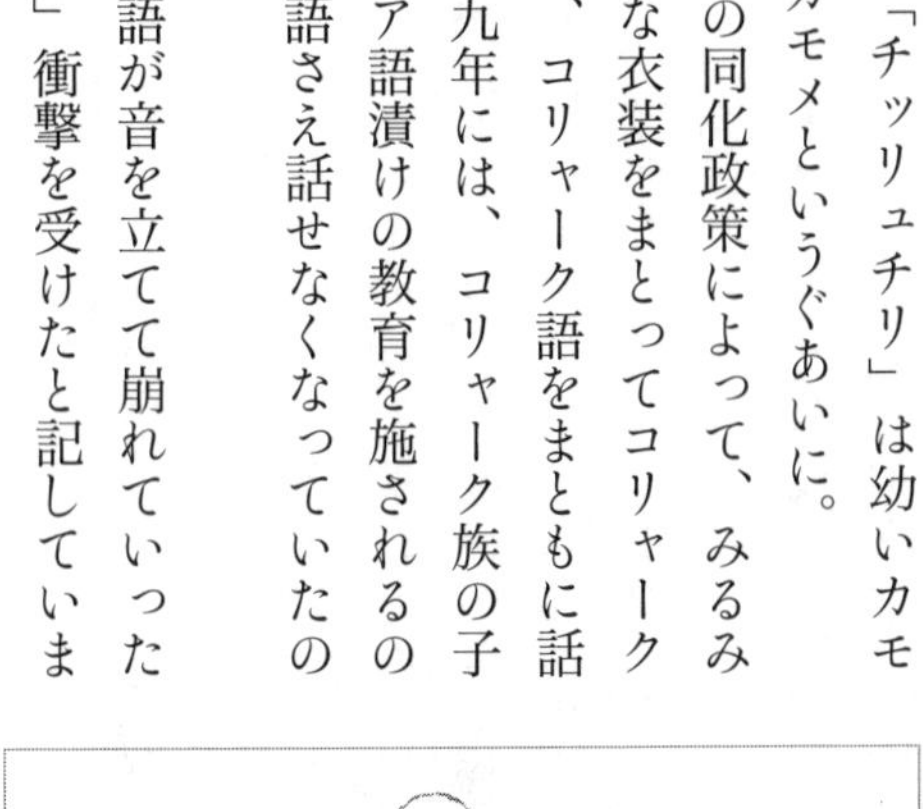

さて、次は、⑤西ヨーロッパと⑥中東および北アフリカに進みます。こんなふうに地球をまわって消滅危機言語の状態を知る旅も、だんだん疲れてきたかもしれません。でも、あと一息です。⑤と⑥の両地域では、なんと消滅危機言語が少ないのです！

西ヨーロッパ地域の国々は、他の地域に進出して植民地化を進め、少数者言語消滅の引き金を引いています。でも、本家本元の地域の言語は、安定しています。

中東および北アフリカは、大きくアラビア語圏としてまとめられる地域です。内戦や武力闘争が絶えず、多くの人々が命を失い、故郷を追われ、少数者言語は消滅の危機にさらされています。でも、植民地政策や同化政策を施されるよりは、消滅危機言語がずっと少ないのが印象的です。

## サハラ以南のアフリカでは

では、⑦サハラ以南のアフリカに行きましょう。この地域の国々の言語の状況は、正確には分かっていないことが多いんですね。全体でどのくらいの言語があるのかさえ不明です。

言語人類学者の梶《かじ》茂樹さんは、「アフリカには二千ぐらいの言語があることは、ほぼ間違いない」と述べています。[*34] 私も、『世界民族言語地図』[*35]を参考に、サハラ以南のアフリカにある言語数を数え、そこからアフリカ全土の言語数を推測してみましたが、梶さんの指摘通り二〇〇〇種類くらいの言語があると推定されました。

これだけ多くの土着の言語がありながら、この地域の公用語は、旧宗主国のフランス語であったり、ポルトガル語、スペイン語、英語であったりします。母語による教育の重要性は徐々に意識され始めてはいるのですが、母語による教科書がないうえに、母語を学ぶ社会的・経済的メリットがないのです。[*36] ですから、彼らが数万年にわたって得てきた貴重な経験は、文字に残されることなく、どんどん消えていってしまっています。

のみならず、この地域のアフリカでは、部族の対立によって大量虐殺が起こり、共同体が崩壊し、多くの少数者言語が消滅しています。[*37] さらに、他の言語へののりかえで、少数者言語は日々消滅しています。

## 舌打ち音の言語

消滅した言語を見ていると、「ああ、残しておきたかったなあ」と思う言語があります。それは、南アフリカに広がっていたコイサン諸語のカム語、アウニ語、コマニ語、ケグウィ語、ナマ語、ヒリ語、オラ語、岬《みさき》コエ語です。

これらは、『世界民族言語地図』で「死語」と記されています。[38]クリック音（＝舌打ち音や舌鼓音《したつづみおん》）の含まれる興味深い言語だったのです。

普通は、肺から吐き出す呼気《こき》で発音しますよね。でも、コイサン諸語は、軟口蓋《なんこうがい》と奥舌、歯茎《はぐき》と前舌などを使って舌打ちの音（日本人ならチッ、チャ、チェなどと聞こえる音）や舌鼓の音（日本人なら、コンとかポンと聞こえる音）を発音に使っているのです。[39]

私たち日本人が、思い通りにならずにいらだった気持ちの時についやってしまう舌打ち、逆においしくて「あ～満足」という気持ちの時に打つ舌鼓、これらを発

音に使うのです。驚くべきことに、このクリック音が八〇種類もある言語もあったのです。

私たちの予想を超える発音があったことは、人間の発音の仕方の無限の可能性を感じさせます。舌打ち音は、狩りの時に獲物に気づかれずに仲間とコミュニケーションがとれるというメリットがあったようです。南アフリカのコイサン諸語は、もはや死語となっており、二度と耳にすることのできない言語です。

でも、ボツワナやナミビアにコイサン諸語のいくつかは残っており、そこに行けば、発音に使っている舌打ち音や舌鼓音に出会うことができるのが、うれしいことです。

## 南北アメリカでは

ようやく最後の地域にたどり着きました。⑧南北アメリカです。この地域を、北アメリカ、中央アメリカ、南アメリカの三つに分けて、消滅危機言語の状況を調査してみました。

すると、最も消滅危機言語の多い国は、北アメリカではアメリカ合衆国。二二九言語が消滅の危機に見舞われています。中央アメリカではメキシコ。一四三言語が消滅危機言語です。南アメリカではブラジル。一九〇言語が消滅の危機に瀕しています。いずれも、西欧諸国の植民地政策によって、大量の先住民族語の消滅の危機が起こっています。アメリカ合衆国では、イギリスをはじめとする西ヨーロッパから移住してきた白人たちの植民地政策によって、[*40] メキシコでは、スペインの侵略によって、[*41] ブラジルでは、ポルトガルの植民地化によって、[*42] 先住民族の言語消滅が引き起こされています。

これらの地域の消滅危機言語に目を通していくと、日本人にはハッとする言語があります。ナバホ語とハワイ語です。

## 動物に階層のある言語

ナバホ語は、第二次世界大戦中にアメリカ軍の暗号文として使われた言語です。アメリカの南西部にある先住民族の言葉ですが、日本軍は、ナバホ語で通信されたアメリカ軍の暗号文が解読できず苦戦したのです。むろん、日本軍の暗号文はアメリカで解読されてしまっていました。アメリカを勝利に導く役割を果たしたナバホ語が、今や消滅危機言語になっています。ナバホ族の若者たちは、現在、英語教育を受け、英語しか使用しなくなっているからです。

ナバホ語は、とてもユニーク。動物にいくつかの階層があるのです。熊は猫より上。猫と七面鳥は同列ですが、ホリネズミより上で、ホリネズミは蟻より上。上位にある名詞のほうが先に来なくてはならない。だから、ナバホ語では、単純な文を話したり理解したりするだけでも、それぞれの動物やその他の存在が、階層のどこに位置するかを知らなければならない。[*43] ナバホ語の文法は、彼らの世界観と密接に絡み合っているのです。こんなにユニークな言語は残しておきたい。ナバホ語にヒントを得て、今までにない新しい着想が生まれそうな気がするからです。

また、日本人の好きなハワイでも、先住民たちが話していたハワイ語が英語に圧倒され、「極めて深刻」な消滅危機言語になっています。

## 結局、少数者言語の消滅は

こんなふうに、世界各地の消滅危機言語の状況を観察してくると、次のような三つのことが明らかになります。

第一に、⑤西ヨーロッパ、⑥中東および北アフリカは、少数者言語の消滅が少なく、安定していること。

第二に、一九世紀に繰り広げられたヨーロッパ各国の植民地政策が、少数者言語の消滅危機を招いている地域が多いこと。②オーストラリアおよび太平洋地域、③南アジア、⑦サハラ以南のアフリカ、⑧南北アメリカです。

これらの地域では、イギリス・フランス・スペイン・ポルトガル・オランダ・ドイツの繰り広げた植民地政策によって、もともと存在していた多数の先住民族の言語が彼らの言語に飲み込まれ、なぎ倒され、消えつつあります。

第三に、①東アジアおよび東南アジア、④東ヨーロッパおよび中央アジアでは、それぞれ、大国の中国とロシアがともに同化政策を推し進めているため、それぞれの国にある少数者言語が瀕死の状態に陥っていること。これが現在の状況です。

植民地政策と同化政策によって、なんと多くの言語が消滅の危機に見舞われていることか！

## 二一世紀末までに生き残っているのは

言語学者のR・M・W・ディクソンさんは「きちんとした記述がなされていない言語は二〇〇〇—三〇〇〇言語あるが、これらの言語は次の二、三世代のうちに使われなくなってしまうだろう」と述べています。[*44] 一世代は、だいたい三〇年。二、三世代というと、六〇年から九〇年。わずか九〇年間のうちに、二〇〇〇から三〇〇〇の言語は失われてしまうと言うのです！

また、アラスカ大学の言語学者マイケル・クラウスさんは、二一世紀の末までに、現在世界で話されている言語、約六〇〇〇種類のうちの五〇%、つまり三〇〇〇言語が消滅し、最悪のシナリオでは九五%が消滅してしまうか、消滅しかけることになるだろうとしています。

その根拠となっているのは、アラスカにおける言語状況です。アラスカでは、二〇の先住民言語のうち、子供たちによって継承されているのは、わずか二言語なのです。そして一八言語は高齢者の記憶の中にとどまっているにすぎないという現実です。つまり、残存率は一〇%。こうした状況は、世界各地で起こっているとみたのです。[*45] 言語は、消滅の兆しが見えてからわずかの時間しか経《た》たないうちに、死語化します。

## 四世代あれば、言語は消滅する

人類学者のドン・クリックさんは、わずか四世代のうちに、パプアニューギニアの少数者言語であるタヤップ語が消滅し、トク・ピシンにとってかわられた事実を報告しています。[*46]「タヤップ語は何百年、もしかすると何千年という非常に長期間にわたって発展し、安定して保たれていたと考えられる。ところがその繁栄の時代は、一九八〇年代に突然、そして決定的に終わりを迎えた」とレポートしています。

一九一六年に交易語のトク・ピシンを取り入れて、わずか六四年しか経っていないのに、タヤップ語は話者を失ったのです。「四世代のあいだに一言語だけの使用になった」と報告しています。

この地域の世代替わりは、普通よりずっと短く、二〇年未満で起こっていますね。六四年間で四世代まで進むのですから。四世代経ったら、タヤップ語は消失し、トク・ピシンだけになっていたのです！

アメリカの言語学者リンゼイ・ウェイリーさんは、二〇〇一年に中国の少数民族・鄂倫春族《オロチョンぞく》を訪問しました。その時、話者人口は一万人に近かったにもかかわらず、鄂倫春語は二〇年から五〇年の間に消えるであろうという悲観的な見通しを立てています。[*47]子供たちに継承されていなかったのです。

言語学者の大角翠《おおすみみどり》さんは、ニューカレドニア島の先住民語のティンリン語を現地調査していますが、一八年の間に、ティンリン語の話者数が四割に減ってしまったことを報告しています。[*48]ティンリン語も、何も手を打たなければ、五〇年後にはこの世から姿を消してしまう可能性があるのです。

また、言語学者のR・ブルトンさんは、「アフリカの言語を保護するための強い政治的意志を伴った政策が実施されなければ、アフリカの言語は三世代もすれば完全に消滅してしまう」と危惧《きぐ》しています[*49]。

日本語が世界第九位の話者数を誇っているのは、実は、欧米列強が東アジアや東南アジア、そして太平洋地域の島々の植民地化に乗り出した時、日本とタイだけは、民族国家の形をとった独立国だったため、植民地化を免れたという過去の僥倖《ぎょうこう》に負うているわけです。

にもかかわらず、日本は、自ら進んで、小学校の低学年からの英語教育に乗り出しました。よほどの覚悟を持って日本語の将来を守らなければ、いつの間にか英語の国になっている可能性もあります。

言語学者のK・デイヴィッド・ハリソンさんは重い口調で言います[*50]、「その言語を用いる人々が国際言語を採り入れはじめると同時に（その言語は）消えていく」と。

第二章

# 文字はどんな力を持つか

## ここでのテーマ

第一章では、地球上の数多くの少数者言語（=少数の人が使っている言語）が日に日に消滅している事実をお伝えしました。消滅している少数者言語には、一つの共通点があります。それは、話し言葉中心の言語で、文字を持たないことです。とすると、文字は、言語の存続に何らかの力を持っていると察せられます。

一体、文字はどんな力を持っているのか？　これを明らかにするのが、この第二章の目的です。

## 言葉に霊力がある社会

日本人は、一四〇〇年前から文字を持っていますから、文字のない社会がどのようなものか推測しにくいかもしれません。実際に話し言葉だけで生活している民族と苦楽を共にした言語学者や人類学者たちの報告に、まずは耳を傾けてみましょう。

まず、話し言葉だけの社会は、実物と言葉が、同じ重みを持っています。つまり、言葉は、実物と等価なのです。私たち現代日本人は、言葉は実物を意味する単なる記号だと思っていますね。「災難」と言ったからとて、実際に災難が襲ってくるわけではない。実物と言葉は別のものだと認識しています。

でも、話し言葉だけの社会では、言葉は、即、実物なのです。言語学者のデイヴィッド・ハリソンさんは、ロシアのトゥバ族の家族と生活していた時、文字のない言語を話す人の様子をこう観察しています。「言語とは頭のなかだけに、というより話者の頭のなかだけに存在するのではなく、その土地ごとの風景やそこにある事物、さらには生活様式のなかに存在するのではないか」[*1]。

その通りだと察せられます。事物とそれを指す言葉は、イコールなのですから。言葉が頭の中にあると思うのは、言葉が記号であると考える社会のものです。

さらに、パプアニューギニアのタヤップ語を話す部族と生活をした人類学者のドン・クリックさんはこう報告しています、「村では、人の名前を呼ぶと、その人からエネルギーを奪って衰弱させる可能性がある。人の名前を執拗《しつよう》に呼ぶのは挑発である」[*2]と。つまり、言霊信仰《ことだましんこう》があります。言葉は霊力さえ持っているのです。

日本でも、文字を獲得した直後に作られた文学作品には、話し言葉だけだった時代の片鱗《へんりん》が随所に残っています。[*3] たとえば、七五九年頃に作られた『万葉集』（巻一三）には、こんな歌が見られます。

敷島《しきしま》の　倭《やまと》の国は　言霊《ことだま》の　助くる国ぞ　真幸《まさき》くありこそ（＝日本の国は、言葉の霊力が人を助ける国です。言葉の力で、ご無事でいらしてください）

言霊の助けによって、つつがなく帰還することは間違いないというのです。また、相手の名前を知ることは、相手を支配できるとも考えていました。同じく『万葉集』（巻一）には、こんな部分を含んだ歌があります。

この岡《おか》に　菜摘《なつ》ます児《こ》　家告《いへの》らせ　名告《なの》らさね　そらみつ　大和《やまと》の国は　おしなべて　我《われ》こそ居《を》れ　しきなべて　我《われ》こそいませ（＝この岡で菜を摘んでいらっしゃる娘さんよ、お家をおっしゃい。名前をおっしゃいな。この大和の国は、ことごとく私がおさめている

国だ。すみずみまで私がおさめている国だ）

この歌を詠んでいるのは、雄略《ゆうりゃく》天皇。ですから、大げさな自己宣伝もおかしくないわけです。雄略天皇が野原で菜っ葉を摘んでいる美しい乙女を見初めて、名乗ることを求めています。乙女が自分の名前を言えば、求婚を承諾したことになります。相手の名前を知るということは、その名を持った人間を自分の支配下に置けるということなのです。言葉には、相手を支配するほどの霊力がある。それが、話し言葉だけの社会の大きな特徴です。

## 話し言葉は、瞬時に消える

けれども、どんなに話し言葉が霊力を持っていたとしても、話し言葉は目に見えないし、瞬時に消えてしまうという宿命を負っています。「言葉と枯葉は風によって運び去られてしまう」というバスク語のことわざ通りに。完全に一過性のもので、空気中の振動がそれを伝える間しか留まらないという性質を持っています。ですから、その言語を話す人がいなくなってしまうと、この地上から跡形もなく消えてしまう。

たとえば、あの強大なインカ帝国の使っていた言葉も、一五三三年スペインに征服され滅亡した後、跡形もなくこの世から消えてしまいました。話し言葉だけの社会だったからです。

現在、話し言葉だけの言語は、三〇〇〇から四〇〇〇に達すると言われています。[*4] それら話し言葉だけの言語が、今、消滅の危機にさらされているものの筆頭です。

たとえば、オーストラリアの先住民・アボリジナルは、六万年前頃から、オーストラリア大陸と周辺島嶼部《とうしょぶ》に住み始め、彼らの話し言葉を使って生活していました。ヨーロッパ人たちの植民が始まった頃には二五〇種類以上のアボリジナルの言語が存在していましたが、次々に消滅。現在でも健在なのは、わずか一三種類の言語のみです。[*5] 話し言葉だけなので、消滅しやすいのです。

また、パプアニューギニアでは、大量の言語が消滅していますが、いずれも話し言葉だけの言語です。「パプアニューギニア人は文字を持たなかった。歴史やしきたり（そして言語）はすべて口伝えだった。それらは絵や儀式で表現され、老人に記憶され、物語やイニシエーションの実践によって伝えられた。」と報告されています。[*6]
また、インドネシアでは、七四六言語のうち、文字を使用しているのは、ジャワ語やスンダ語などわずか九言語にとどまっています。[*7] その他の、話し言葉だけの言語が、日夜消滅しているのです。第一章で述べた消滅危機言語の多くは、話し言葉だけの言語です。

## 文字は、略奪・搾取する

話し言葉だけの言語は、消滅しやすいばかりではありません。文字を持った民族と出会うと、略奪・搾取《さくしゅ》の憂き目にあいやすいのです。
アイヌ出身の宇《う》梶《かじ》静江さんは、文字を持つ日本人が、話し言葉だけのアイヌ民族に対して、文書に捺印《なついん》させては搾取していった過程をリアルに語っています。[*8]
「彼ら（＝肉体労働者になっているアイヌの人たち）は焼酎を飲みたくて、店主（＝日本人）と交渉します。『焼酎一本貸にしてくれませんか』と。店主は応えます。『おお、いいよ。だったら印鑑を持って来い。そしたら焼酎を貸してやろう』。アイヌは印鑑を持って行き、借用書に印鑑を押して、一本の焼酎を借りて帰ります。

給料が出て、焼酎代を支払いに行くと、こう言われるのだそうです。『いや銭はいらない。借用書にはお前の土地を譲渡すると書いてあり、それに印鑑を押したのだから、その土地は既に俺の名義になっている。これはお上に訴えても通用しないぞ』と。大方のアイヌは、このような卑劣極まりない罠《わな》にはめられ、土地を失っていきます。」

「アイヌが知らない文字を用いて、ハンコを作り、それを持ってアイヌから土地を取り上げるのです」。

こういう目にあわされているアイヌの人たちは、語り継いだそうです。「俺たち、文字が読めないために、和人（＝日本人）の資質もわからないまま、土地や財産も取られ、泣き寝入りしてきた」と。アイヌの人たちの悲鳴が聞こえてきます。

こうしたことは、世界の各地で起こっています。話し言葉だけの先住民たちは、文字を持つ民族に略奪され、財産を奪われていったのです。文字は、略奪・搾取を可能にするのです。決してほめられたことではありませんが、文字は力を持っている。武器になるのです。

であれば、あらゆる言語は、文字を持てばいいのにと思いますが、文字が生み出されるには、しかるべき状況が必要です。なぜなら、人間が平和に心豊かに生活するには、話し言葉だけで足りるからです。だから、現在でも話し言葉だけの言語が、多数あるのです。

また、話し言葉だけの歴史は一〇万年前から始まっているのに、文字の歴史は、わずか五五〇〇年前からにすぎません。これも、人間は基本的には話し言葉があれば生活できることの証《あかし》です。

## 文字を生み出す状況とは

では、文字は、どんな状況になると、生み出されるのでしょうか？　第一に、集団が大きくなり、複雑化してきた時です。大きな集団になると、直接的な話し言葉だけでは、全員に情報が正確に行き渡らず、集団の崩壊を招いてしまう事態も発生しかねません。

文字がなくても事足りるのは、集団の人数が少なく、直接的な話し言葉だけで間に合う時です。事実、長期間にわたって、話し言葉だけでやっている社会は、いずれも小さな集団で、シンプルな生活を営んでいます。

集団の構成員が膨大になると、統率者の意向を全員に正確に伝えたりするためには、文字がどうしても必要になります。最初の文字の発生が、国家規模の文明を持った集団から起こっていることは、それを証拠立てます。

紀元前三四〇〇年頃にメソポタミアではシュメール文字が出現。紀元前三一〇〇年頃にはエジプトでヒエログリフ（聖刻《せいこく》文字）・ヒエラティック（神官文字）・デモティック（民衆文字）が出現。紀元前二五〇〇年頃にインダス川流域でインダス文字が出現。そして、紀元前二〇〇〇年頃[*9]に黄河流域で漢字が出現しています。[*10]いずれも、国家規模の大集団の言語圏で発生した最も古い文字群です。文字は、こうした大集団を統率・維持するために生み出されたのです。

第二に、後世に伝える必要が生じた時です。話し言葉は、瞬時に消えてしまうために、子孫たちに伝えねばならないことが伝えられないのです。とくに、その集団の精神的支柱になっている民族の起源や宗教的な事柄は、子孫たちに継承されなければならない重要事項です。少人数であれば、それらを次世代に語り伝えることができます。でも、この場合でも、語り手の不慮の死によって伝承を途絶えさせてしまう危険性をはらんでいます。もっと安全で、かつ末代まで確実に伝えるには、保存可能な文字を作り出す以外にないのです。

多くの文字が、まず宗教や民族の由来に関わる事柄を書き表していることは、そうした集団の精神的支柱を後代に継承するために文字が必要であったことを示しています。たとえば、『旧約聖書』。古代ヘブライ人は、フェニキア文字に由来するヘブライ文字を用いて、何はともあれ、自分たちの思想活動である『旧約聖書』を書き表しています。文字は、子孫代々、その集団の精神的支柱になる宗教や民族の起源を伝えるために必要なのです。

（図1）中国人にも読めるように書いた『日本書紀』（宮内庁書陵部本）影印本より。巻10の応神天皇の部分。

## 権威づけたり文化水準の高さを示せる

こうして生み出された文字は、権力者が、同じ集団あるいは外の集団に向かって、自己を権威づけるために利用します。自分の偉業をたたえる碑文《ひぶん》を彫った石碑を建造し、内外にアピールするのです。エジプトのファラオたち、アッシリアの大王たち、中国の皇帝たちは、いずれも文字を彫り込んだ巨大な記念碑を建てています。自分の属する集団や外の集団に向かって、自分の権威を高めたり、権力を誇示することができるからです。

日本では、七二〇年に、中国人が読める正式な漢文で『日本書紀』を編纂《へんさん》しています

（図1）。中国に対して日本王朝の正統性を示し、権威づける必要があったからです。

また、それに先立つ七一二年には、日本人だけが読める漢式和文（変体漢文とも）で、『古事記』を編纂しています（図2）。日本民族に対して、支配者の正統性を明らかにする必要があったからです。文字があると、内外に向かって、支配者は自分を権威づけたり、権力を誇示することができるのです。

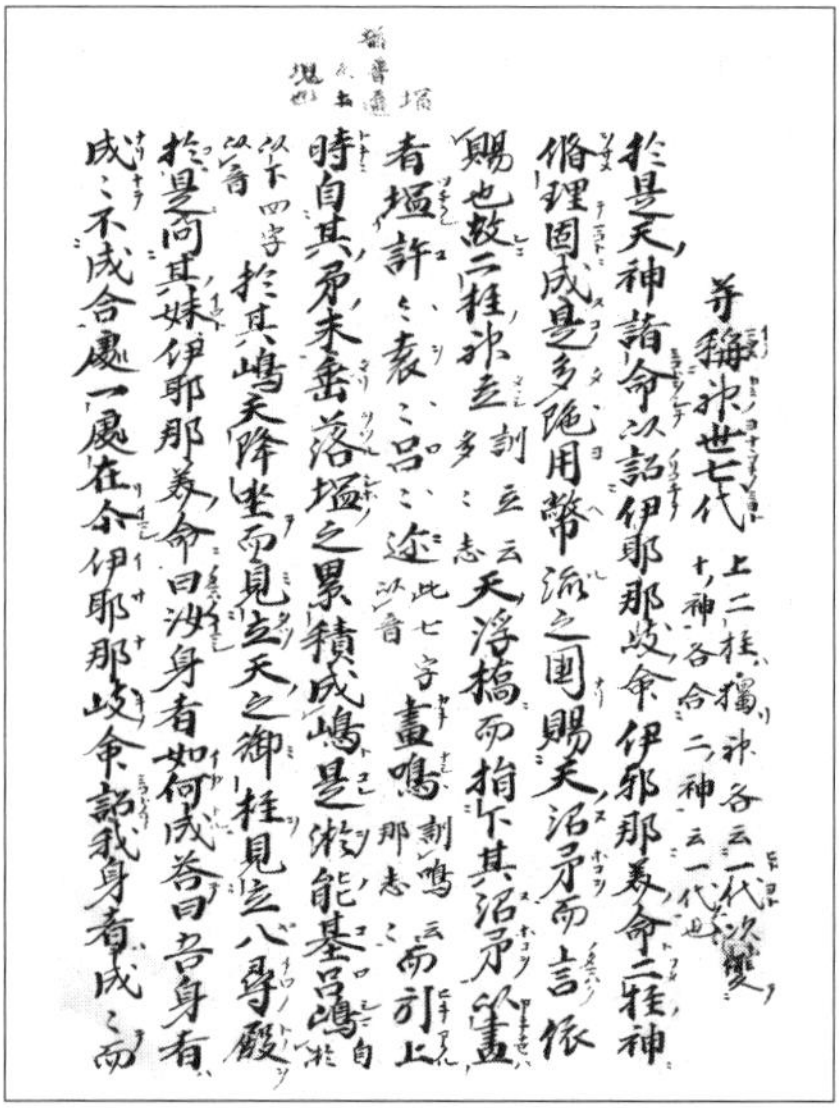

（図2）日本人しか読めない『古事記』（前田本）影印本より。上巻のイザナギノミコトとイザナミノミコトの部分。

さらに、文字があると、その王朝の文化や学問がいかに発展しているかを目に見える形で示すことができます。たとえば、日本では『万葉集』が日本固有の和歌を最初に文字で記した文学作品として誕生しています（図3）。八世紀後半のことです。

日本民族が創作してきた和歌を文字に写して、目に見える形にまとめ上げた歌集です。瞬時に消えてしまう話し言葉の文学とは違って、文字に記して永久に変わらぬ形で保存できる文学作品を持っていることは、それを持たない場合よりも、文化水準が高い証拠にできます。

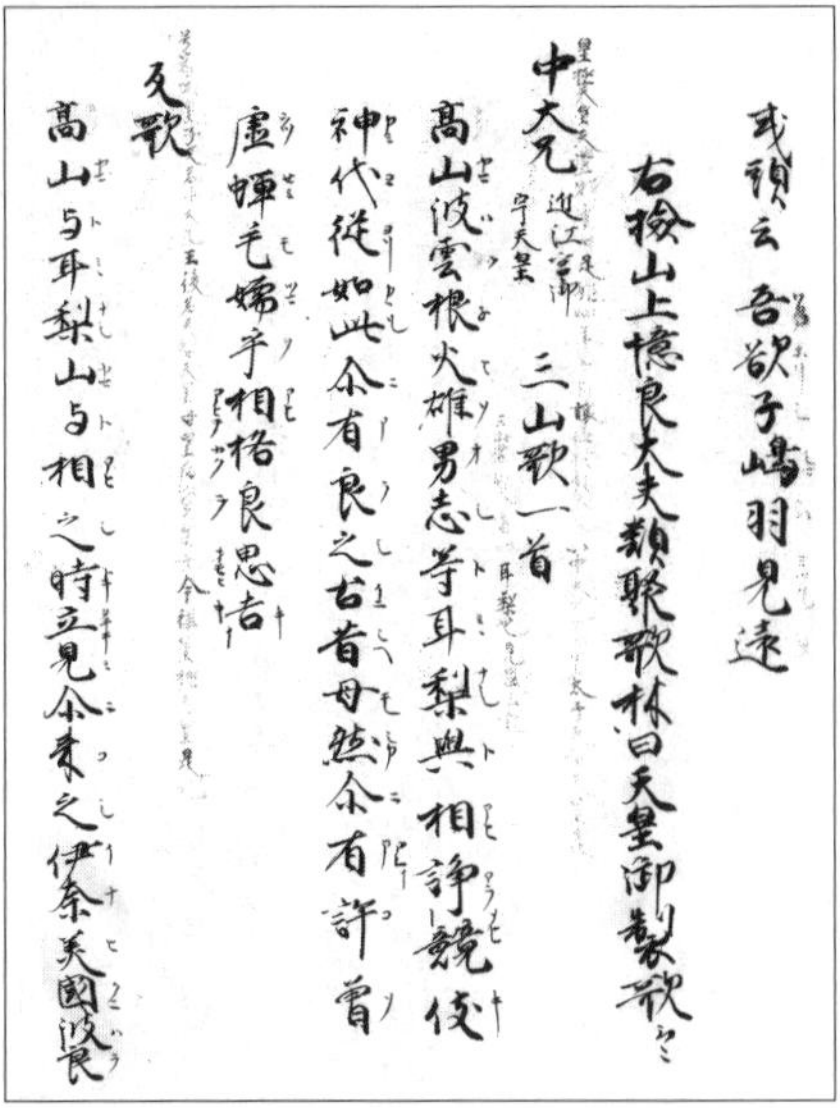
或頭云　吾欲子嶋羽見遠
右検山上憶良大夫類聚歌林曰天皇御製歌云々
中大兄　近江宮御宇天皇　三山歌一首
高山波雲根火雄男志等耳梨與相諍競伎
神代従如此尓有良之古昔母然尓有許曽
虚蝉毛嬬乎相挌良思吉
反歌
高山与耳梨山与相之時立見尓来之伊奈美國波良

（図3）日本初の和歌集である『万葉集』（西本願寺本）影印本より。フリガナは、後世にふられたもの。

また、七七二年の『歌経標式《かきょうひょうしき》』のような、歌の効用や起源、歌論などを述べる学問的な書物も、日本文化の水準の高さを示してくれます。

文字は、こんなふうに、内外に向かって、支配者を権威づけたり、文化水準の高さを示したりすることができるのです。

## 文字があると、消滅しにくい

さらに、文字を手に入れた言語は、消滅しにくいという特性に結びつきます。それを示す例を四つほどあげてみます。

一つ目は、バタク語。バスク語ではありません。バタク語です。インドネシアのスマトラ島の高地に住むバタク人に使われている言語です。バタク語の書記の様式は、まことにユニーク。縦書きするのですが、なんと、下から上に向かって書いていくのです！さらに、左から右に行を進める。なぜ、そんな奇妙な書き方をするのでしょうか？

古くは一節《ひとふし》の竹筒《たけづつ》の表面にナイフで文字を刻みつけていたからなのです。竹筒を体に垂直に持って、ナイフで手前から遠くのほうに向かって文字を刻んでいく。[*11] そうしないと、ナイフで自分の身を傷つけてしまう危険性があります。それを避けようとすれば、必然的に、文字は下から上に向かって刻まれていくことになります。

それにしても、下から上に向かって読んでいくのは、骨が折れるのではないか。いや

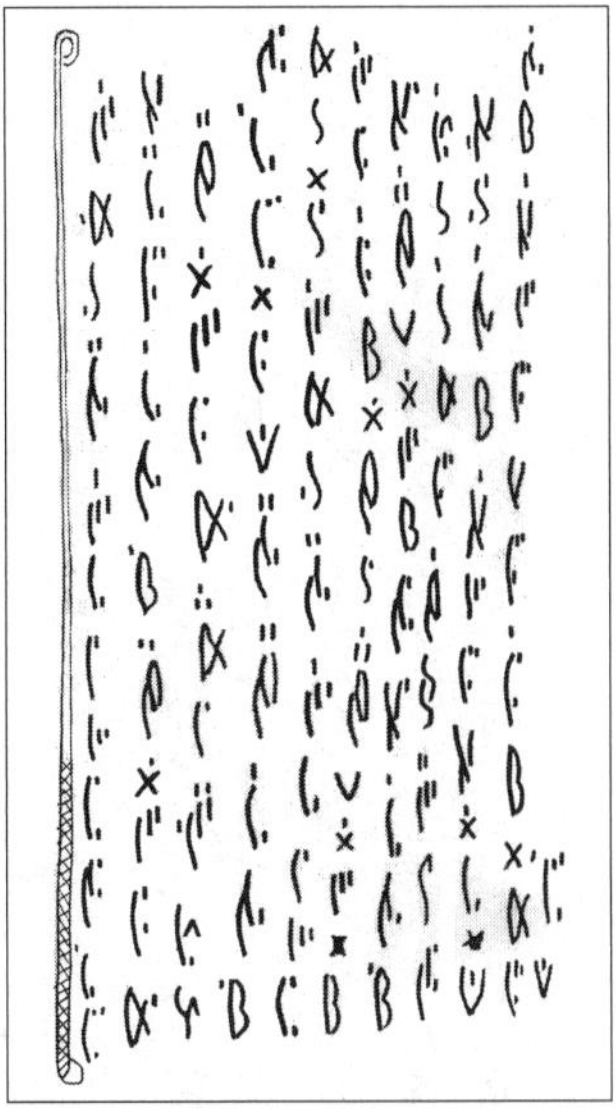

（図4）インドネシアのバタク語の文字。『言語学大辞典』別巻の「バタク文字」より。

いや、ご安心ください。書かれた文書を右に九〇度回転させると、英語と同じく左から右に向かって書かれた横書き文書に変換されるのです！　だから、すらすら読める。縦書きされた文字をよく見ると、九〇度回転させた時に読めるように書いてあったのです。

図4は、竹筒に刻んだ文字の模写です。左から二行目の一番下の字「」は、横書きの時の「」を記していたのです。なんと器用な文字の書き方でしょうか！　筆記用具と文字の書き方は、こんなにも深い関係を持っているんですね。現在は、英語と同じく横書きで左から右に向かって書いています。竹筒にナイフではなく、紙にペンや鉛筆で記せばよいのですから。

インドネシアでは多くの先住民語が消滅の危機にあるのですが、バタク語は、文字があるおかげで、今も健在。[*12]

二つ目は、タイのモン語とニャクル語。ともに栄えていましたが、モン語には文字があります。でも、ニャクル語には文字がない。どちらの言語が元気に寿命を保っているでしょうか？　モン語です。今からおよそ二〇年前、モン語の話者数は、八〇万人。現在、話者数は減ってはいますが、存続しています。ニャクル語のほうは、二〇年前にすでに消滅寸前で、話者数は一万人。[*13]現在は、さらに減少し、風前の灯火。[*14]文字を持っている言語のほうが、消滅するのがずっと遅いことが分かります。

三つ目は、北アメリカの先住民族チェロキー族の例です。チェロキー族は、もともと文字を持たない部族でしたが、なんと文字を持つ部族に変身したのです！

一八二一年、部族の一人シクウォイア（図5）は、銀細工師でしたが、独力でチェロキー語を書き表す文字体系を作り上げました。八五の音節文字からなっており、使いやすく覚えやすいためにたちまちチェロキー族に広まり、チェロキー族は文字を持った先住民族になったのです。チェロキー語による部族新聞まで出しています。[*15]ネイティブ・

（図5）チェロキー文字を考案したシクウォイア。 https://commons.wikimedia.org/wiki/File:Henry_Inman_-_Sequoyah_-_Google_Art_Project.jpg

アメリカン初の新聞です。

しかしながら、白人たちに土地を収奪され、今は人口二五万人に減ってしまいました。でも、文字を作り出さなかったら、話し言葉だけの先住民族の言語と同じく、とっくに消滅していたと考えられます。

四つ目は、同じく北アメリカの先住民族のクリー族の例です。クリー族は、イギリスの宣教師ジェームズ・エヴァンズが創案したクリー文字を用いて、自分たちの言語を記し始めました。一八四一年頃のことです。そのおかげで、北アメリカの多数の先住民族語が消滅する中で、生き残っており、カナダのノースウエスト準州では公用語の一つになっています。現在の話者数は五万人[*16]。決して安泰とは言えませんが、文字を持たなかったら、消滅していたと察せられます。

## 文字があっても、消滅する

でも、残念ながら、文字を持っていても、言語は消滅することがあります。文字があることは、その言語の消滅を遅らせる力をもたらしますが、消滅を押しとどめることはできないからです。言語消滅の原因については、次の第三章で本格的に論じますので、ここでは簡単に触れるだけにします。

たとえば、「アグラムのミイラの巻布」で有名なエトルリア語。[*17] ミイラを包んだ布にエトルリア語で、宗教儀式関係のことが記されていたのです。約一五〇〇語の長さの文章です。エトルリア語は、イタリア半島の先住民族に使われていた言語。ギリシア文字とフェニキア文字を借用して作られたエトルリア文字を持ち、ラテン文字を派生させています。紀元前七世紀から紀元前一世紀にかけて、たくさんの碑文や資料を残していますが、紀元前三一年、古代ローマに征服されたのです。

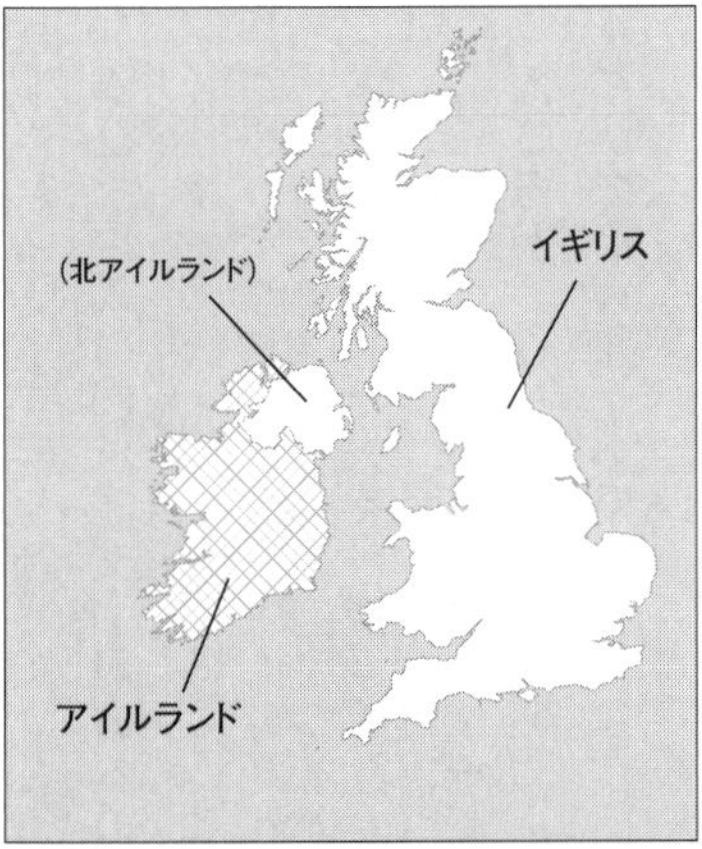

(図6) アイルランドの地理的環境。

征服されると、文字を持っていても、言語自体が消滅してしまいます。

また、現代の例で、文字があるのに消滅しそうなアイルランド語に注目してみます。アイルランドは、図6に見るように、イギリスの隣にある国です。そこで使用する文字は、ラテン文字より古いアイルランド土着の文字です。その言語は、古代からアイルランド島に居住した人々が使ってきた固有の言語。英語とはかなり異なった言語です。神話・伝説に基づく文学が豊かに栄え、その写本《しゃほん》も多く残っています。

ところが、一二世紀から長期間イギリスの植民地にされていたために、一九二二年にイギリスから独立を果たしても、英語が優勢言語として力を持ってしまったのです。アイルランド政府は、この事態を重く見て、アイルランド語の保護復興に力を尽くしているのですが、英語を話したほうが経済的・社会的メリットがあるので、アイルランド語は、学校で学ぶだけの言語になっています。[*18]

ユネスコの消滅危機言語調査でも、アイルランド語は「危険」と評価されています。文字があっても、アイルランド語は、消滅の危機にさらされています。

## 文字があると、後世解読される

こんなふうに、文字を持っていても、その言語が消滅の道をたどることがあります。それでも、文字があると、言語自体が消滅しても、復元して解読できるというメリットを持ちます。

まず、エジプトの世界遺産ピラミッドを思い浮かべてください。ピラミッドを作った古代エジプトは、紀元前三〇年にローマに滅ぼされましたが、ヒエログリフで書き記された文書が残っていました。一八二二年、フランス人の古代エジプト学者ジャン＝フランソワ・シャンポリオンは、このヒエログリフを解読したのです。ですから、古代エジプト文明についていろんなことが分かる。

たとえば、あの巨大な建造物ピラミッドは、現代のようなクレーン車がない時代に、どうやって二トン以上もある巨岩を積み重ねて作り上げていったのか？　その謎が、ヒエログリフで書かれた文書で解けました。[*19] 大ピラミッド近くの港で発見されたヒエログリフに、巨岩を上に運びあげるすばらしい技術が書き記されていたのです！　今から四五〇〇年前の大ピラミッド建設の謎が、文字のおかげで解けたわけです。

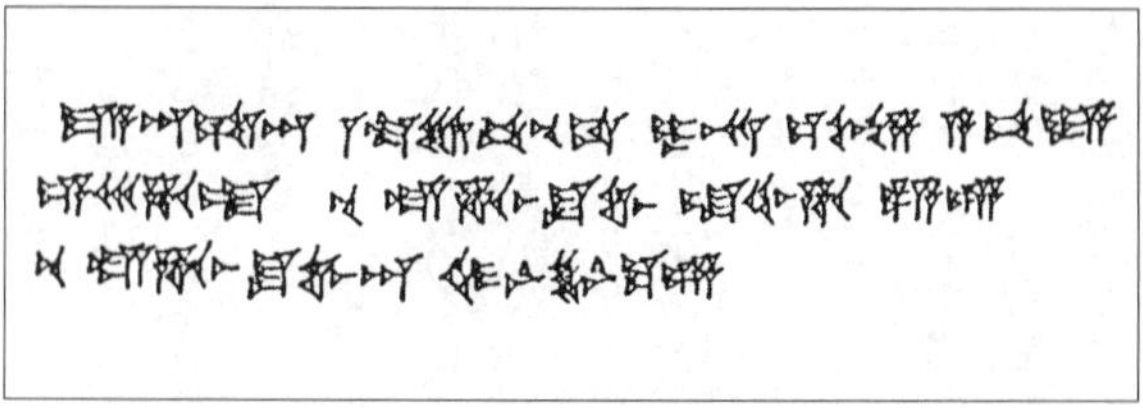

（図7）ヒッタイト文字。表語文字と音節文字の組み合わせによる文章様式。「テリピヌ王の勅書」『言語学大辞典』別巻より。

また、紀元前一七世紀半ばから紀元前一三世紀に書かれたヒッタイト語も解読されました。[20] ヒッタイト語は、現在トルコがあるアナトリア半島にあったヒッタイト帝国の言語です。一九世紀末から二〇世紀にかけて多数の粘土板が発見され、多くの研究者の試行錯誤を経て、解読されるに至ったものです。図7が、その一例です。表語文字（＝一字が意味を持った語を表す文字。表意文字とも）と音節文字（＝一まとまりと意識される音を表す文字）の組み合わせによる文章様式で、日本語の漢字仮名交じり文と同じ様式です。

しかも、ヒッタイト語は、単語を表す表語文字の意味は分かるのですが、どう発音するのかが不明であり、これまた、日本語の漢字と同じ。日本語の漢字も、意味は分かるけれど、数種類の読みがあるので、発音が特定できないことがありますね。

また、西夏《せいか》文字も解読されました。西夏文字は、西夏王朝の初代皇帝によって一〇三六年に制定された漢字に似た文字です（図8）。西夏王朝は、一二二七年、元に滅ぼされましたが、西夏文字はその後も一部で使用され続け、一五〇二年の石の塔に記されたものが最後の例です。

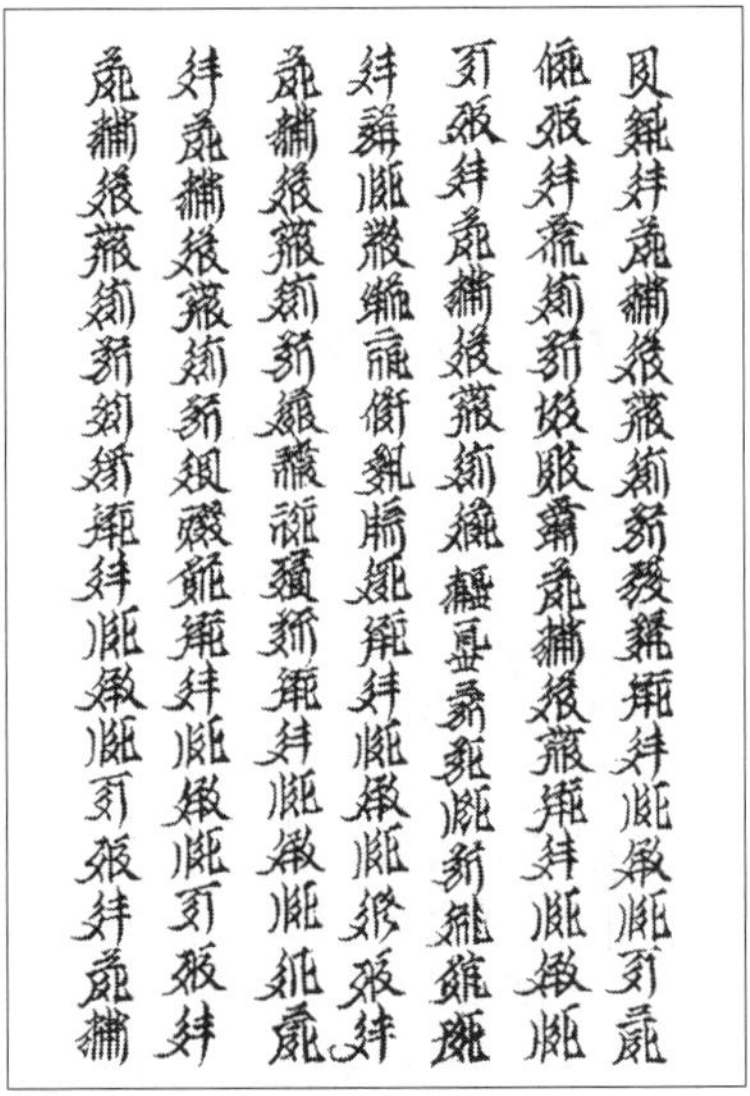

（図8）西夏文字（楷書体）『仏説諸仏経』の部分。『言語学大辞典』別巻より。

西夏文字で仏教の経典・法律書・医学書なども記されていますが、解読されていませんでした。でも、一九六〇年代に、ロシアの東洋言語学者、ニコライ・ネフスキーさん、そして日本の言語学者、西田龍雄《たつお》さんによって解読されました。

西夏文字の解読に心血を注いだ西田さんは言います、「西夏文字は、単音節を主体とする西夏語を効果的に表記するために考案された表意文字（＝表語文字）の傑作であった。それは意味情報のみならず文法情報をも伝達しており、漢字よりも優れた組織をもっていた」[*21]と。

一方、解読されていない文字もたくさんあります。古くはインダス文明を支えていたインダス文字。それから紀元前一九〇〇年以降のクレタ島のミノア文明を支えたクレタ・ヒエログリフ。紀元前五〇〇年以降のメキシコ南部で栄えたサポテカ文明で使われていたサポテカ文字。一〇世紀から一二世紀にかけて中国北部とモンゴル高原で栄えた契丹《きったん》の契丹小字など。中でも、私の興味をそそるのは、シンガポール・ストーンとロンゴロンゴ。

## シンガポール・ストーンとロンゴロンゴ

まずは、シンガポール・ストーン。この石は、シンガポール川の河口に立っていた大きな砂岩スラブの断片です。もともとは、五〇行あまりの古い文字が記されていた大きな碑文でしたが、工事のため爆破。残った断片が、シンガポール・ストーンです。現在、

（図9）シンガポール・ストーン。シンガポール国立博物館蔵の砂岩の断片。下はそこに書かれている文字の模写。 https://commons.wikimedia.org/wiki/File:SingaporeStone-bwphoto.jpg

図9に見るような断片の一つが、シンガポール国立博物館に展示されています。

一三世紀以前の碑文で、古ジャワ語もしくはサンスクリット語ではないかと言われているのですが、不明。[*22] シンガポール川に巨大な石を投げ込んだ伝説の強者バダンの物語と関係のある内容ではないかとも推測されており、興味津々なのですが、いまだ解読されていません。

また、ロンゴロンゴ。これは、一九世紀にチリのイースター島で発見された木片に文字もしくは原文字（＝記憶を助けるために考案された特殊な記号）が記されています。[*23]

ロンゴロンゴという名前は、イースター島

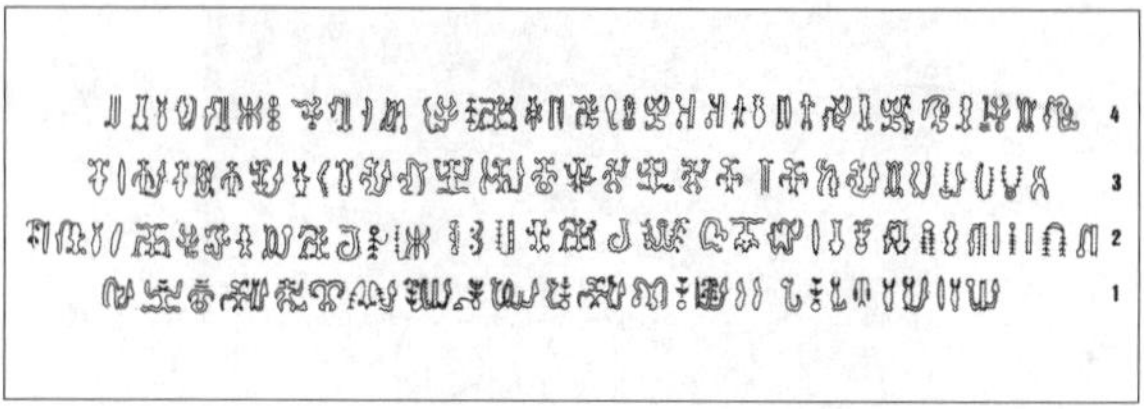


（図10）ロンゴロンゴ。Fischer（1997年）の模写。『言語学大辞典』別巻「ラパヌイ文字」より。

の土着語であるラパヌイ語で「暗誦《あんしょう》」などの意味。表記の様式が面白い。横書きの「牛耕式（＝牛が耕すように引き返す）」の一種です。普通の横書き「牛耕式」は、左から右に進んだら、U《ユー》ターンして行を変え、右から左に進みます。文字の向きは一定しています。ところが、ロンゴロンゴは、Uターンして行を変えると、文字の向きまで一八〇度回転させるのです。ですから、読むときは、一行進むごとに文字の書かれた木片をくるりと逆さにして読まなくてはならない。

図10をご覧ください。ロンゴロンゴの模写の部分です。行数は、右横に打ってあります。4行分の引用です。1行目（＝一番下）の左端から、右に向かって読み進み、右端まで来たら、2行目の右端に行きます。そこからどんどん左に向かって2行目を読み進みます。すると、文字らしきものが1行目とは逆さになっていることに気づきます。

たとえば、1行目の左から2字目と2行目の左から5字目を見ると、同じような文字が逆さになっていますね。2行目の左端まで読み進むと、今度は木片を逆さにして3行目の左端から読まなくてはなりません。これは、いくら慣れても読むのに時間がかかる。ということは、文字ではなく、記憶を助けるための原文字ではないかと思わせます。記憶を引き出すための記号の一種なら、すぐさま次の文字に読み進む必要はないからです。

さらに、二人の人間が向かい合って座り、原文字を見ながら一行ごとに交互に語っていく場面を想定すれば、原文字が一行ごとに逆さに書かれている理由も説明できるのではないかと私は推測しています。

こんなふうに、さまざまなことを考えさせるロンゴロンゴは、多くの研究者の興味の的《まと》。でも、いまだ解読されていません。シンガポール・ストーンも、ロンゴロンゴも、解読に必要な文字量が不足しているのが原因の一つです。

## 日本語は解読できるか

では、日本語はどうでしょうか？　何らかの理由で日本語とそれを使っている日本人が消滅したとします。残された日本語は、後世の人に解読してもらえるのでしょうか？

まず、解読に必要な分量が残されていることが重要です。それが満たされたとして、日本語は日本語を知らない人に解読してもらえるのか？　かなり難しいと思いますが、可能性はある。それが、私の結論です。

まず、かなり難しいというのは、日本語の文字体系と文章様式は、世界に類例のないものだからです。同じ文字体系を使って記す言語が複数ある場合は、類推しやすい。たとえば、アラビア文字。アラビア文字は、ペルシア語やクルド語、ウルドゥー語など複数の言語で使われています。でも、日本語の文字と文章は孤立例です。そのため、言語学者の中には「日本語の表記体系は現在使われているすべての文字体系の中でも、もっとも複雑なものであるといわれることが多い[*24]」と記す人もいます。

しかし、これは、単なる印象批評です。落ち着いて、日本語を観察すれば、考えられているよりははるかに簡単でシステマティックです。

日本の仮名は、きちんとした音節文字の一種ですし、文字数にすると、ひらがな・カタカナ合わせて九二字しかありません。漢字の数も常用漢字の一九四五字で、現代日本語で使用される全漢字の九六％が賄われています。[25] つまり、一九四五字の漢字を知れば、現代日本語の文章の大半が理解できます。

次に漢字が自立的な意味を持っている言葉を表し、「かな」が付属的な助詞（例、「私が」の「が」）・助動詞（例、「食べたい」の「たい」）・活用語尾（例、「食べる」の「べる」）などを表すというシステムに気づきさえすれば、解読できます。同じシステムで記されている大昔のシュメール文字やエジプト文字、そしてさっきあげたヒッタイト文字が解読されているのですから、日本語も解読される可能性があります。

ただし、一字に複数の読みがある漢字は、正確には読めないかもしれません。ヒッタイト語の表語文字と同じように、意味は分かるけれど、どう発音するのか定かではない。でも、意味はとにもかくにも、とれるのです。というわけで、かなり手間取るけれど、解読される可能性があります。

また、日本語だけからは解読できなかった場合でも、日本の優れた古典作品（『源氏物語』『平家物語』など）から現代作品に至るまでが、すでに多くの言語に翻訳されています。そうした翻訳本と突き合わせることによって、日本語の言語資料が解読されていく可能性もあります。古代エジプト文字の解読の手掛かりになったロゼッタ・ストーンのように。

ロゼッタ・ストーンには、図11に見るように、同じ内容が三種類の言語で書かれていたために、それらを突き合わせることによって古代エジプト文字が解読できたのです。さらに、近年はＡＩ（人工知能）を駆使した解読技術も進んでいます。[*26] 消滅してしまった日本語を、ＡＩが解読してくれることもあり得ることです。

*

以上に述べてきたことを、文字に焦点を合わせてまとめてみると、こう言えます。文字を獲得した言語は、

①話し言葉だけの社会に略奪・搾取を仕掛ける
②権威や文化水準の高さを内外に示せる
③話し言葉だけの場合より、はるかに消滅しにくい
④消滅しても後世解読してもらえる可能性を持つ

（図11）ロゼッタ・ストーン。一番上が古代エジプト語の聖刻文字（ヒエログリフ）、中段が古代エジプト語の民衆文字（デモティック）、下段がギリシア文字。
https://commons.wikimedia.org/wiki/File:The_Rosetta_Stone.jpg

といった力を持ちます。日本語は、さしあたり文字の力を駆使しています。

しかし、こうした文字の力を持っていても、別の大きな力が襲ってきた時には、あえなく言語自体が消滅していきます。言語自体の消滅の原因とは？　第三章に続きます。

第三章

# 言語消滅の原因は何か

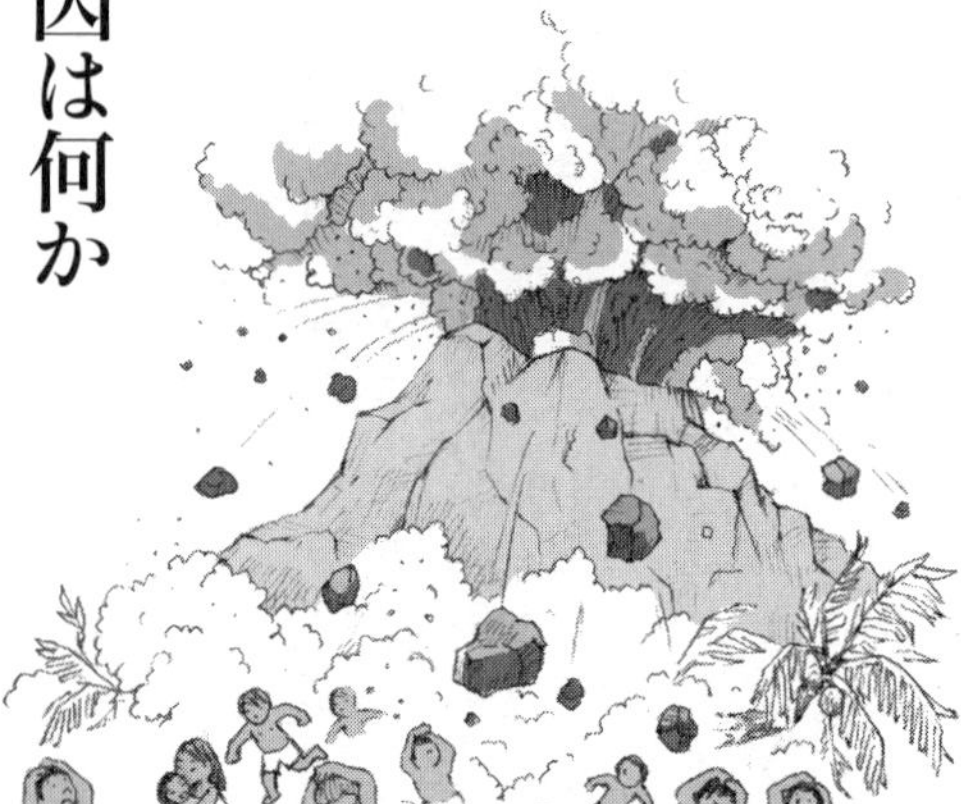

## ここでのテーマ

ある言語が使われなくなる、つまり消滅してしまう。その原因は何なのか？　すでに第一章で、その理由に少し触れておきました。欧米列強をはじめとする強国による同化政策です。でも、消滅の原因は、他にもたくさんあります。言語が消滅するのは、どういう時なのか？　そして日本語は、過去に消滅の記憶を全く持たないのか？　これらのことを具体的に考えることが、第三章の目的です。

## 話者が全滅した時

まずは、言語が消滅するのは、どんな時なのか？　第一は、その言語を話す共同体が死に絶えた時です。当然ですね。だって、その言語を使う人間がこの世から消え去ってしまったら、その言語も一緒に消滅しますから。でも、共同体全員が死滅する原因は、さまざま。一つ目は自然災害。二つ目は大量虐殺。三つ目は疫病《えきびょう》や過酷な強制労働。

それぞれ具体例をあげながら、話者が全滅してしまったために、この世から姿を消し

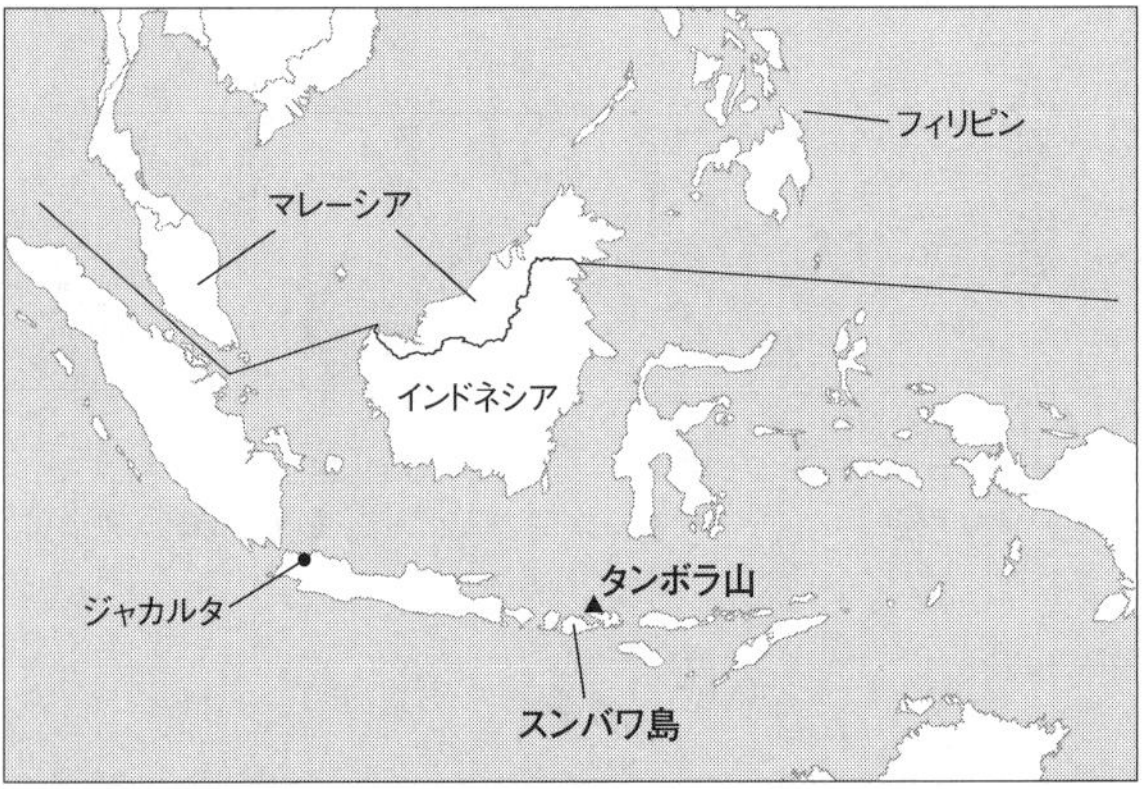


（図1）インドネシア全図とスンバワ島とタンボラ山。 ©「旅行のとも、ZenTech」をもとに作成。

た言語のことを考えてみます。

## 自然災害

今から約二〇〇年前の、一八一五年のこと。図1に示したように、インドネシアのスンバワ島にあるタンボラ山が巨大噴火を起こしました。[*1] タンボラ山の大噴火は、史上最大。なにしろ、標高約四〇〇〇メートルだったタンボラ山が噴火後二八五〇メートルになってしまったくらいの大噴火。スンバワ島の中心集落だったタンボラ族の人々は、その大噴火による火砕流に飲み込まれ全員死亡。もちろん、彼らの使っていたタンボラ語も消滅。後には、大噴火前に訪れた一人のイギリス人が採集したタンボラ語の四八単語だけが残りました。[*2]

また、干ばつなどの自然災害によって引き起こされる飢《き》饉《きん》も、少数者言語を消滅に追い込む原因になります。とりわけ、一〇〇〇人以下の少数者言語の多いアフリカでは、そうしたケースが後を絶ちません。

たとえば、図2のサハラ砂漠南部にあるサヘル地域。一九八三年から一九八五年の干ばつによって約二二〇〇万人が影響を受けました。[*3]

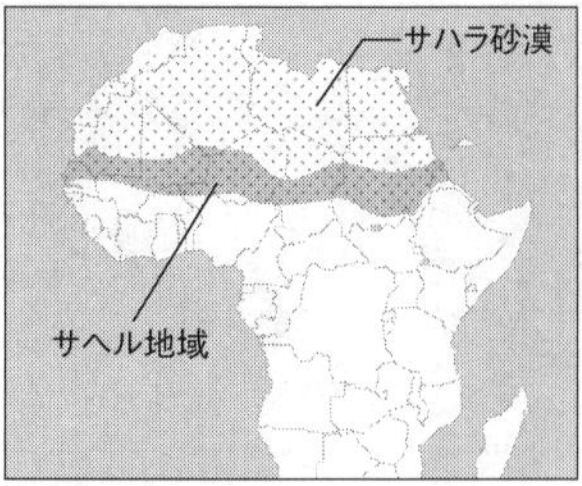

（図2）サヘル地域。サハラ砂漠の南部にある。

また、一九九一年から一九九二年のソマリアの干ばつでは、五歳未満の子供の四分の一が餓《が》死《し》。[*4] これらの干ばつによる飢饉で、話者を失った少数者言語が多数消滅したと察せられます。

## 大量虐殺

痛ましい大量虐殺によって、話し手を失って、消滅していく言語もあります。たとえば、タスマニア島の先住民言語。図3に示したのが、オーストラリア大陸の南東にあるタスマニア島です。今は、観光名所の一つになっていますが、そこには、一四五年前に消滅したタスマニア島先住民の悲劇が埋まっています。

タスマニア島は、一七八八年からイギリスによる植民地化が進められ、一八〇三年には白人たちが流刑囚《るけいしゅう》らを連れて入植を開始。ところが、入植した白人たちは、先住民たちの狩猟場にも大規模農園を作ろうとして、衝突が激化。すると、白人たちは、スポーツハンティングとして、多くのタスマニア島先住民を殺戮《さつりく》し始めたのです。

先住民の捕縛《ほばく》・殺害には、報奨金が支払われました。報奨金は子供一人につき二ポンド、大人一人につき五ポンド。いくつもの先住民狩りの団体が組織され、大掛かりな「人間狩り」が実施されたのです。「今日はアボリジニ狩りに行って一七匹をやった」などと記された日記が残っています[*5]。

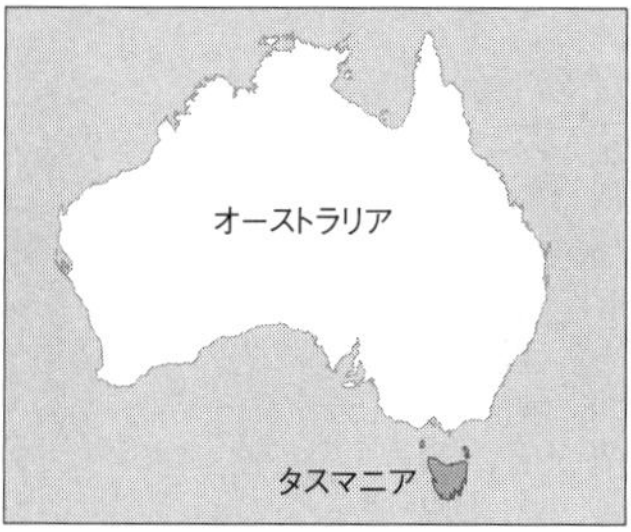

（図3）タスマニア島。

こうして、一八四四年にはタスマニア島にいた先住民族のうち、生き残っていたのはたったの四四人。一八七六年には、白人に加担させられた先住民の女性・トルガニーニの死によって、タスマニア先住民が全滅し、彼らの言語も消滅。どんな言語を話していたのか、不明です。他民族にスポーツハンティングとして虐殺され、共同体とその言語が終わりを迎える。胸が抉《えぐ》られるような辛《つら》い事件です。

大量虐殺には、国の軍事政権による場合もあります。多くの国は、さまざまな民族からなる多民族国家です。中央アメリカにあるエルサルバドルも多民族国家です。図4に、エルサルバドルの位置を示しておきました。

一九三一年、それまでの独裁者メレンデス一族からクーデターで政権を奪ったのは、インディオの血を引く軍人政治家、マクシミリアーノ・エルナンデス・マルティネス。彼は、それから一三年間独裁政治を行ない、激しい言論弾圧を加えました。一九三二年、反独裁運動を始めようとしていたファラブンド・マルティをはじめとする共産党員や、それに賛同する先住民、合わせて二万五〇〇〇人以上を虐殺したのです[*6]。

その時に先住民語のカカオペラ語とレンカ語という二つの言語が消滅。虐殺を目にし

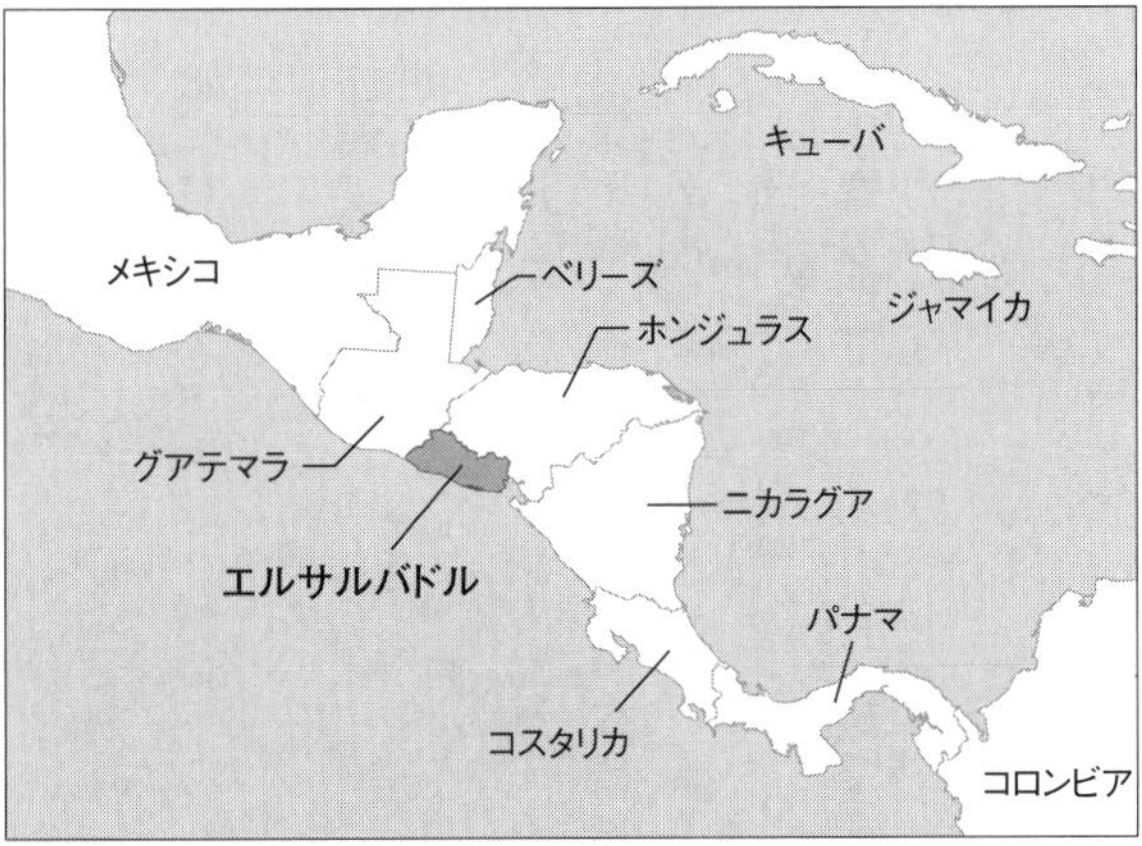


(図4) 中央アメリカにあるエルサルバドル。

たピピル族は、自分たちを待ち受けている運命を察知して、突然、自分たちのピピル語（ナワト語とも）を話さなくなったのです。[*7] 言語を捨てて身を守ったわけです。こうして、ピピル語も、姿を消しました。

ピピル語だけは、消滅する前に、言語調査がなされており、その実態はある程度明らかになっています。たとえば、ピピル語は、文頭に動詞が来る。次に目的語、最後に主語が来るという珍しい語順であったことなど。日本語で言えば、「殴った　彼を　私は」という語順です。[*8] 心理的に「殴った」という行為が一番大事なんですね。[*9] 日本人が、「誰が」「誰を」という対人関係を優先させるのとは対照的な言語です。

言語調査のなされる前に姿を消したエルサルバドルのカカオペラ語とレンカ語については、ほとんど不明。一瞬のうちに、跡形もなく消え去ってしまった言語です。

## 疫病、強制労働

白人たちが持ち込んだ疫病（天然痘、インフルエンザ、ペスト、コレラ、結核、梅毒など）で、先住民族が全滅し、言語も消滅するというケースもあります。

たとえば、ヤーガン語。図5に見るように、ヤーガン族は、南アメリカの最南端にあるフエゴ島の南の島からホーン岬にかけて一万年以上も生活していた民族です。「最南端」と聞くと、「南の温かいところ」を想像しがちですが、「南極に最も近い」のですから、極寒の地です。そこで、裸で生き抜く術《すべ》を身につけていた民族です。

モンゴロイドなので、日本人と同系の人種です。彼らの使っていた言語が、ヤーガン語。一八五〇年代に、白人が入植した頃は、ヤーガン族の人口は三〇〇〇人近く。ところが、白人の入植と同時にもたらされた疫病によって、人口は激減。疫病に対する抗体を持たないヤーガン族は、次々に死んでいったのです。一九一〇年代にはヤーガン族は一〇〇人以下に。そして、一九七五年までに、ヤーガン語の流暢な話し手はすべて世を去ってしまい、言語も消滅状態。[*10]

でも、救いは、ヤーガン語が、消滅前に優秀な宣教師たちによって調査されていたことです。そのため、言語の特質がかなり明らかになっています。興味深いのは、数の数え方。「ひとつ」「ふたつ」「たくさん」といった三種類で数をとらえます。[*11]「みっつ」以上は、とりたてて数えない。「たくさん」で一括《ひとくく》りです。われわれの世界は、結局、この三種類でもとらえることができることを教えてくれます。

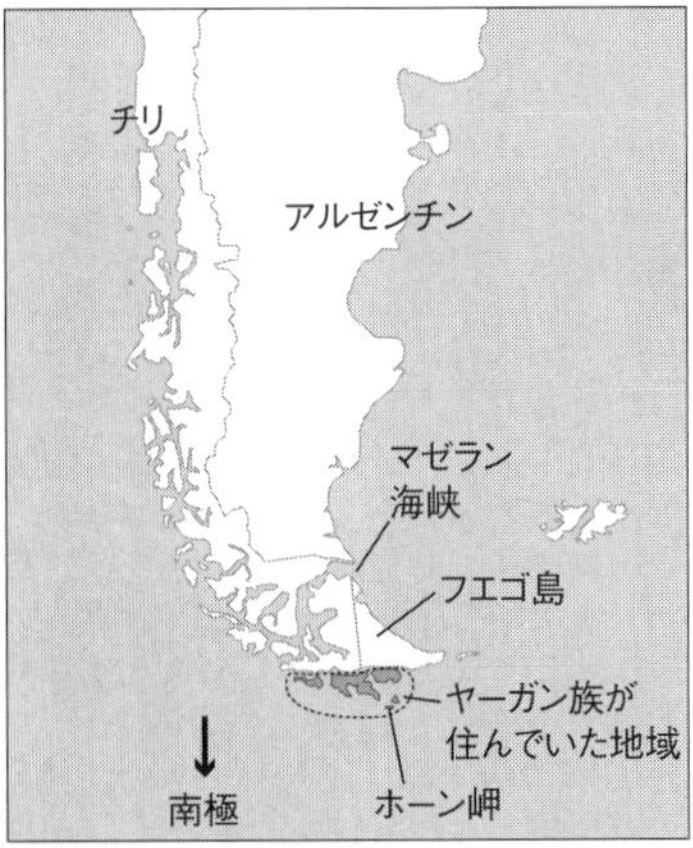

(図5)ヤーガン族が住んでいた最南端の島々。

また、過酷な強制労働で先住民族が消滅し、言語が消える場合もあります。たとえば、南アメリカのコロンビアを流れるアマゾン川流域に住むアンドケ族。アンドケ族は、一九世紀後半にペルーのゴム会社カーサ・アラーナ社の天然ゴム採取の労働力として酷使され、残虐な仕打ちを受け、ほぼ全滅。アンドケ語も、どんな言語だったのか不明のままです。この悲惨な出来事は、コロンビアの現代文学作家ホセ・ユースタシオ・リベラさんによって語られています。[*12]

以上、話者がいなくなることによって、言語が消滅していった第一のケースです。以下にあげるのは、その言語の話者は大勢いるのに、言語が消滅していくケースです。第二から第五までの四つのケースがあります。

## 同化政策が実施された時

第二のケースは、征服されたり、侵略されたりして植民地化され、そのうえ同化政策を実施されて、使っていた民族言語が消滅していく場合です。植民地でなくても、強国による同化政策が実施されれば、同様な状況を引き起こします。

第一章では、中国、オーストラリア、ロシア、南北アメリカで行なわれた同化政策のために、それぞれの地域にある多くの少数者言語が消滅していく実態をお伝えしました。

同化政策は、どこの国でも、同じような手続きで進められます。ターゲットにするのは、次世代を担う子供たち。強国は、同化させたい共同体の子供たちを親元から隔離して寄宿舎に入れます。寄宿舎では、強国の言語しか使わせない。親元から引き離すことによって、部族の言語（＝母語）を完全にシャットアウトするわけです。

子供たちが自分たちの部族の言葉を使いでもしたら、厳しい罰を与えます。よしや、寄宿舎に入れなくても、学校で、強国の言語だけで教育し、違反したら制裁を加えるというやり方をします。

日本でも、アイヌの人たちに対して同化政策を施しました。アイヌの宇梶静江さんは言います[*13]、「明治三二年（一八九九年）に旧土人保護法が制定され、『保護』の名のもとに、アイヌから財産はほとんど没収され、アイヌ語を使ってはいけない、サケを獲ってはいけない、クマを獲ってはいけない、とアイヌの生活習慣、文化はすべて奪われていきます」。

この時にできた「旧土《ど》人《じん》学校」（アイヌ学校とも）では、教育はすべて日本語で行なわれています。「大正時代（一九一二年〜一九二六年）は最もアイヌがいじめられた時代で、道を歩けば石をぶつけられたりしていたのです。（中略）アイヌ語を使ったら、政府に（ママ）罰を受けます。アイヌ語は家庭では少々話されていました」。

家庭で細々と話されているアイヌ語。親たちは、子供の将来を思って、アイヌ語を積極的に教えようとはしません。こうして、消滅への道をたどっていくのです。

## 同化政策で受ける心の傷

同化政策を受けた子供たちの心には深い傷が残ります。人類学者の尾本恵市《おもとけいいち》さんは、指摘します、「重要なのは言語です。学校でアイヌ語を教えず、日本語だけにする。このような文化否定がどれだけアイヌの人たちの心を傷つけたか[*14]」。

アメリカのアラスカ州で同化政策を受けたトリンギット族とハイダ族の老人たちは、昔を振り返って次のように述懐しています、「アメリカの学校に雇われていた」「血も涙もない女性教師が」「先住民の言語を悪魔の創造物であるかのようにみなし、生徒たちが自分たちの母語を使おうとするそぶりをすこしでも見せようものなら、恐ろしい剣幕《けんまく》でそれをつぶしにかかった。」「神の教えは絶対に守らなければならないと覚えさせられたあげく、神はあなたたちのことばを愛していないとさんざん教室で聞かされたなら、どうして自分たちのことばを使おうとする気持ちをもちつづけることができるだろうか[*15]」と。

また、ロシアの少数民族チュルイム族のヴァーシャさんは、自分がチュルイム語の話者であることをずっと明かさなかったのですが、その理由は、「自分たちの言葉は恥ずべきものと思いこまされ」ており、「一年生から三年生まで、学校では恥ずかしくて自分たちの言葉を話せませんでした」と説明しています。さらに、「チュルイム語で話すことを禁じられてもいた」からだと証言しています。「クラスの子にからかわれ、〝黒んぼ〟と呼ばれて馬鹿にされたんです」といじめも受けています[*16]。

このように、同化政策は、子供の頃に教育の場で、自分たちの言語は劣っていると思い込ませ、その言語を話すことをやめさせ、強国の言語のみを使うようにしむけることによって推し進められていきます。だから、同化政策を受けた子供たちは、自分たちを否定されたような心の傷を負っています。

教育の場のみならず、メディアも同化政策を遂行するために使われます。同化政策は、真《ま》綿《わた》で首を絞めるようなやり方で、狙った言語を消滅させていくのです。

## 自発的に他言語にのりかえた時

第三のケースは、自分たちの使ってきた言語（＝母語）を捨てて、自ら進んで他言語にのりかえてしまう場合です。強制的に言語のとりかえを要求されたのではなく、自ら自分たちの言語に見切りをつけ、共同体全体で他言語にのりかえる場合です。

動機は、のりかえる言語・文化に対する憧れといった心理的な面もありますが、それにも増して言語をのりかえることによって、経済的に豊かになり、社会的地位の上昇を見込めるという現実的な面があります。人間である以上、こうした欲求は誰でも持っていますから、とりたてて非難すべきことではないでしょう。裏返せば、生き残り戦略としての自己防衛でもあるからです。その戦略が正しかったかどうかは別の問題です。

たとえば、アフリカのケニアに住むヤアク族。図6に示したように、ケニア山から北に約五〇キロメートル離れたところに生活し、ヤアク語を話していました。ところが、ヤアク族の人々は、かねがねマサイ族の文化と言語が優れていると思っていました。

マサイ語は、図6で分かるように、ケニア南部からタンザニア北部で話されている言語です。[*17] むろん、マサイ族の使っている言語です。かなり大きな集団の言語であることが分かります。マサイ族は、経済的にも豊かです。そこで、ヤアク族は、自分たちの狩猟採集生活をやめて、マサイ族と同じ牧畜生活に変えました。[*18] さらに、一九三〇年代には、ヤアク族はたびたび集会を開き、なんとヤアク語を捨て、マサイ語を採用することを決定したのです！

（図6）ヤアク族のヤアク語とマサイ族のマサイ語が話されている地域。

その結果、一九六九年の調査では、[*19] ヤアク語だけを話す人は皆無。マサイ語とヤアク語を話す人は二一%、マサイ語だけを話す人は六四%、マサイ語とスワヒリ語を話す人は八%、マサイ語とヤアク語とスワヒリ語を話す人は七%。つまり、四〇年後にはヤアク族の人々は、全員マサイ語話者になっていたのです。

同じくアフリカ南部のコイサン語族の一つに、コエコエ語があります。舌打ち音のあるユニークな言語です。一八世紀の終わりに、入植者の言語であるオランダ語に移行することに決めました。彼らは、オランダ人の奴隷的な存在だったのです。オランダ語にのりかえて、社会的地位を上昇させ、経済的に豊かになるために選んだ道だったのです。[*20]

パプアニューギニアのタヤップ語やムリク語も、言語ののりかえによって捨てられ、消滅しかかっている言語です。[*21] 部族の若者たちが、白人の作った大規模農園に雇われ、そこで覚えた交易語であるトク・ピシンを部族に帰ってから広め、女性も子供もそれを習い覚え、自分たちの長い間使ってきたタヤップ語やムリク語を捨て、トク・ピシンにのりかえました。言語をのりかえることによって得られる経済的メリットのほうを重視したのです。

インドネシアのスンダ語も、話者人口は二五〇〇万人。かなりの大言語ですが、国語であり公用語でもあるインドネシア語で子供を育てる家庭が増え、スンダ語の力がどんどん弱まっています。「これほどの大言語でも意外に早く消滅する方向にむかうかもしれない」と言語学者の降幡正志《ふりはたまさし》さんは述べています。[*22]

このほか、イギリスのコーンウォール語も、英語にのりかえることによって、インドのサンスクリット語もヒンディー語にのりかえることによって、消滅しつつあります。

## 個人レベルでの言語ののりかえ

自発的に他言語にのりかえることは、個人レベルでは、始終起こっています。ただし、この場合には、注意しなければならないことがあります。

カナダのマリシート族出身の人類学者バーニー・パーレイさんは、マリシート語を捨てて英語にのりかえたのですが、その動機をこう語っています。[*23]「(私は)ほとんど白人で占められた小学校で、ただひとりのマリシート族」だった。全く理解できない英語に囲まれ、「自分の世界観すべてを消され、無意味なものとされたとき、私は自分が口のきけない、もろい存在になった気がした。母はその日、私に英語を習わせることに決めた。なぜなら『息子が生き抜いていくためには、英語を身につけるしかない』から」です。

こうして、母語であるマリシート語を捨て、英語にのりかえたのです。

これはこれで、よく分かる選択ですが、ここで一言付け加えておかねばなりません。パーレイさんはこの選択を後年、後悔していることです。自分のルーツであるマリシート族の言葉を全く聞き取れなくなっていたからです。せめてバイリンガルになっていればよかったと。祖先からの言葉を永久に捨てて英語にのりかえてしまったために、「先祖の知恵を携《たずさ》えることも、後ろを振り返ることもできないままになって」しまったことを悔やんでいるのです。母語を捨て去る必要はなかったのです。母語は、新発想を生み出す力にもなり得るからです。

## 征服者が被征服者の言語に同化した時

言語消滅の第四のケースは、征服者が被征服者の言語に同化してしまい、征服者の言語のほうが消滅の危機にさらされるという場合です。普通は、征服者が同化政策を施すので、被征服者の言語が消滅してしまうというパターンです。でも、逆転現象の起こることがあるのです。

たとえば、満州語。ご存じのように、中国の「清」王朝（一六一六年～一九一二年）は、満州族が建てた征服王朝です。満州族が征服したのですから、中国語を話す漢民族に、満州語を強要することができたはずです。

ところが、満州族の支配者は、満州語を学べるのは、優秀な漢民族に限るという政策をとったのです。[＊24] 希少価値政策ですね。ですから、満州語は一般の漢民族には広がらない。もともと、漢民族の人口は満州族に比べて膨大ですから、多勢に無勢。次第に、支配者の満州族のほうが中国語を使うようになり、漢民族化されていったのです。

約三〇〇年続いた「清」王朝が滅亡し、漢民族の「中華民国」になった時、満州語はほとんど理解されない言語になっていました。

二〇一九年には、中国にいる満州族は一〇〇〇万人以上なのですが、満州語話者は多く見積もっても、たったの数十人。[＊25] ユネスコの調査でも、満州語は、消滅の危険度が「極めて深刻」と判定されています。こんなふうに、征服しても被征服者の話者人口が膨大であり、かつ文化程度の高い時は、征服者は、よほどうまい政策をとらない限り、自分のほうが被征服者の言語と文化に同化されてしまいます。

消滅寸前の満州語は、文法、音韻、語彙において日本語との共通点を多く持っています。たとえば、語順。主語が最初に来て、次に目的語。そして、最後に動詞が来る。動詞も、日本語と同じく活用させて過去形や連用形を作る。「咲いた」「咲き」のように。また、固有語には、日本語と同じく「ん」やラ行音で始まる語はないといった特色です。加えて、「くねくね」などの擬《ぎ》態語《たいご》も極めて多いのです[*26]。

征服民族が、被征服民族の言語に同化される例は、西欧でも早くから見られます。たとえば、五世紀後半から一〇世紀にかけて隆盛を誇ったフランク王国。現在のドイツ・フランス・イタリアにわたる広大な土地を征服し、フランク王国を建てました。彼らの言語は、フランク語。ところが、フランス北部を手中におさめた時、文化程度が高く、かつ話者人口も多いフランス語にのりかえてしまったのです[*27]。

## 別の言語を派生させ、役割を終えた時

最後に、第五のケース。それは、別の複数の言語を生み出し、自らは役割を終えて、消滅する場合です。

その典型的な例は、ラテン語です。古代ローマ帝国の西半分で使われていた言語です

が、四世紀末の帝国の崩壊によって、ラテン語の変種が派生。ポルトガル語・スペイン語・フランス語・イタリア語・ルーマニア語です。これらの変種は、現在では、音韻・文法が異なり、別の言語とみなすのが適切なほど離れていますが、ともにラテン語から派生して誕生した言語です。ラテン語の発展的解消とも言えるので、この場合には悲愴《ひそう》感はありません。

また、セルボ・クロアチア語も、ユーゴスラビア社会主義連邦共和国の解体に伴って、セルビア語、クロアチア語、ボスニア語、モンテネグロ語を派生させ、自らは消滅しました。

## 複数の原因が重なる時

さらに、以上にあげた五つの消滅原因のうち複数のものが重なって、言語の消滅を引き起こす場合があります。いろんな例がありますが、ここでは、第二章でもちょっと触れたアイルランド語に注目します。アイルランド語は、言うまでもなくイギリスの隣にあるアイルランドで話されている言語。このアイルランド語は、第一、第二、第三にあげた三つの原因が重なって、現在、消滅の危機に見舞われています。アイルランドは、一二世紀からイギリスによる植民地化がすすめられ、一八〇一年にはイギリスに併合。すると、第二の原因にあげた同化政策が実施されます。学校でアイルランド語を使った生徒には制裁が加えられたのです。

さらに、不運なことに、一八四五年から一八四九年にかけて、アイルランドは、ジャガイモ飢饉に見舞われてしまった。わずかに収穫できたジャガイモはすべてイギリスに送られてしまい、自分たちの食糧は皆無。一〇〇万人のアイルランド人が餓死したのです。[*28]生き残ったアイルランドの人々は、生きるために、イギリス、アメリカ、カナダ、オーストラリアに移住せざるを得ず、アイルランドの人口は、さらに五〇万人も減少。第一にあげた自然災害による話者人口の激減です。

一九二二年、アイルランドは、ようやくイギリスから独立。アイルランド語を復活させるチャンスでした。ところが、実際は第三にあげた消滅の原因が待ち受けていました。アイルランドの人々は、アイルランド語を使うことによる社会的・経済的な不利益を嫌って、[*29]自ら進んで優勢言語である英語に積極的にのりかえたのです。こうして、アイルランド語は、政府の保護政策にもかかわらず、消滅への道を歩んでいます。

## 言語消滅の原因をまとめてみると

以上、言語が消滅する原因を具体的に考えてみました。まとめてみると、

①自然災害や大量虐殺、疫病や強制労働などによって、話者が全滅してしまった時
②同化政策が実施された時
③自発的に他言語にのりかえた時
④征服者が被征服者の言語に同化した時
⑤別の言語を派生させ、役割を終えた時

の五つのケースがあることが明らかになりました。さらに、これら五つの消滅原因のうち、二つ以上の原因が重なって、言語消滅を引き起こすこともありました。

## 日本列島の言語は

では、最後に日本列島のことを考えてみます。日本列島に日本語と思《おぼ》しき言語が発生

してから、消滅の危機に見舞われたことはなかったのでしょうか？　六世紀末に始まる飛鳥時代から現代までは、文字による記録があるので、それをたどると、一続きの日本語の歴史になっています。つまり、日本語は途切れることなく、日本民族に使われてきています。むろん、一続きと言っても、日本語の代表になる方言が、奈良・京都を中心とする関西方言から江戸を中心とする関東方言に移り変わったという変化はあります。でも、その変化は、あくまで日本語の推移としてとらえられるものです。

そうした具体的な変化の様相は、たとえば、拙著『日本語の歴史』（岩波新書）などをお読みいただけると分かりやすいと思います。[30]

問題は、文字に記されていない旧石器時代（紀元前三万八〇〇〇年～紀元前一万四〇〇〇年）、縄文時代（紀元前一万四〇〇〇年～紀元前一〇〇〇年）、弥生時代（紀元前一〇〇〇年～二五〇年頃）、古墳時代（二五〇年頃～六〇〇年頃）のことです。（　）内に記した年はおおよその目安です。

　少し前までは、日本民族のルーツを、水田稲作を大陸からもたらした渡《と》来人《らいじん》の弥生時代人に求めていましたが、[31]近年急速に発展した遺伝学研究によって、日本民族のルーツを縄文時代まで遡《さかのぼ》らせることができたのです。縄文時代人のＤＮＡが現代日本人にまぎれもなく継承されていることが明らかになったからです。その割合は、一〇％から二〇％と推定されています。[*32]

旧石器時代のことは、定かではありませんが、縄文時代人に連なる民族が住んでいたと想定されています。とすると、日本列島に住む日本人は、四万年前の祖先と何らかの形でつながっていることになります。

さて、問題は、日本語です。弥生時代人が日本民族のルーツと考えていた時代は、弥生時代語に日本語のルーツを求めていましたが、縄文時代人まで連なっていることが明らかになってくると、縄文時代語に日本語のルーツを求めることも可能になります。小泉保『縄文語の発見』（青土社）のように。[*33]

縄文時代に日本語のルーツを求める立場に立つと、次のようなシナリオが可能です。縄文時代には、多様な地域性を備えた九つの文化圏が日本列島に誕生していたことが考古学的に分かっていますので、文化圏ごとに異なる色合いの言語を話していた。縄文時代人は、狩猟採集民ですが、非常に温和で戦争をしていないことが、人骨の分析から明らかにされています。[*34]

縄文時代人が生活しているところへ、紀元前一〇〇〇年頃、水田稲作の技術を携えて、大陸から大勢の渡来人がやってきた。いわゆる弥生時代人です。先住民の縄文時代人は、彼らと争うことなく、融和し混血し、現代人に直結する日本民族を形成していった。彼らの使っている日本語は、南方系のオーストロネシア語の系統を下地に、北方系のアルタイ語の系統が流れ込んで融合したものと察せられます。[*35]

さて、ここまでは共同体同士で、大きな争いもせずに生活を営んできた。ところが、弥生時代には、稲作に特化した生産経済が行き渡っていき、富の蓄積が可能になった。各集団は、生産性を上げるために、人口を拡大し、農地を拡張し、水田稲作に有利な水路を確保しようとする。すると、集団同士で利害が対立する。話し合いで解決しない場合は、武力に訴える。こうして集団同士の闘争が起こりやすい状況になってしまったのです。

弥生時代は、農耕民族が戦いもせず平和に生活していたというイメージがありますが、実際は違います。集落間の戦争が始終起こっていたのです。弥生時代の遺跡からは、武

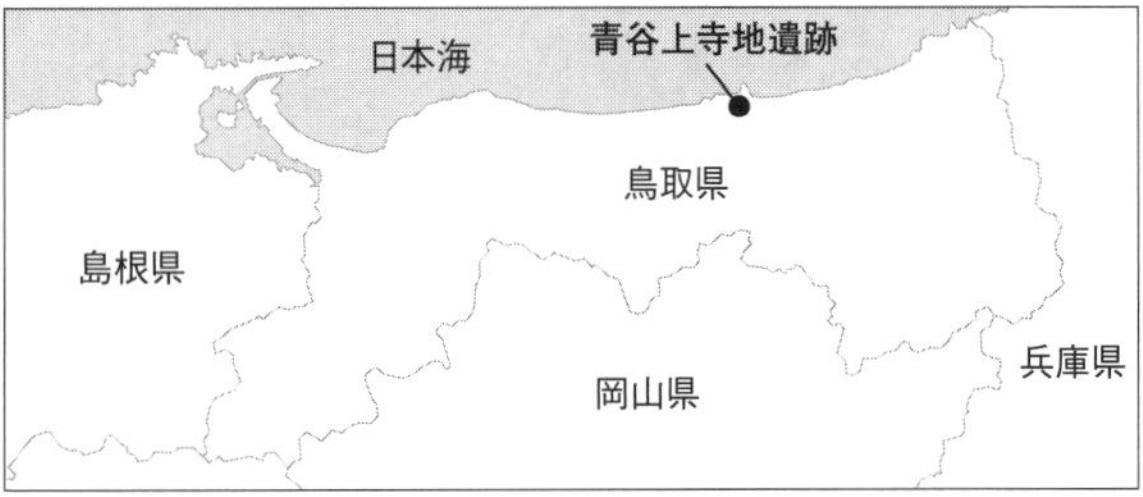


（図7）青谷上寺地遺跡の位置。

器による傷を負った人骨が多数出土《しゅつど》しています。また、外敵を防ぐために、集落の周りに濠《ほり》を巡《めぐ》らせたり、山頂部に集落を作ったりしています。戦いがあった証拠です。

戦争で、集落全体が消滅し、同時に言語も消滅する。そんなことが弥生時代には起こったのです。たとえば、青谷《あおや》上寺《かみじ》地《ち》遺跡《いせき》*36。

## 日本列島で起こった言語消滅の例

青谷上寺地遺跡は、図7に示したように、日本海に面した鳥取市青谷町にある弥生時代の集落遺跡。弥生時代の前期に集落が形成され、中期に著しい発展を遂げたのですが、弥生時代末期に突如として姿を消した集落です。

低湿地にあり大気から遮断されていたために、極めて良好な保存状態で、平成一〇年（一九九八年）に発見されました。

ところが、出土状況は極めて凄惨《せいさん》。幅九メートルほどの溝には一〇〇人分を超える人骨が折り重なって遺棄されている。そのうち少なくとも一〇体には刀や矢で傷つけられた痕《あと》がある。鏃《やじり》が突き刺さったままの人骨もある。額に鋭利《えいり》な刃物を打ち込まれた痕のある若い女性もいる。

いずれも治療した形跡はなく、骨に至る傷が致命傷になって即死したと思われる人骨ばかり。しかも、子供の骨もあり、老若男女を問わず無差別に殺されている。溝には、人骨の他に、原形を保った建築物の一部や生活用品が大量にぶち込まれている。溝が、死体と廃棄物の処理場として使われていたのです。これは、ある日突然、この集落が襲撃され、全員虐殺され、全滅したことを示しています。むろん、この集落で話されていた言語も、消滅。

弥生時代には、このように集落間で戦争が繰り広げられ、集落全体が滅亡し、そこで使われていた言語も消滅、といったことが起こっていたのです。

話者が全滅しなくても、戦いに敗れた集落の人々は、勝者の言語集団に組み込まれるので、自分たちの使っていた言語は使い続けられず、消滅です。消滅していった言語は、同じ日本語ではありますが、地域差のある言語、つまり方言です。日本語は、弥生時代には、集落の言語の消滅を経験していたのです。

次の古墳時代は、古代国家の基礎が整えられた時代です。この時代に活躍したと思われる倭建命《やまとたけるのみこと》が九州・出雲《いずも》・東国《あずまのくに》を支配下におさめたことが『古事記』に記されています。征服は、武力の他に、「言葉」によって行なうことも多かったと推測されます。というのは、大和政権に従わないものに対して、「言向《ことむ》け和《やは》す（＝言葉によって従わせ、平定する）」と表現されていることがあるからです。「大和政権に従うか？」「はい、従います」という言葉のやりとりによって服従させていったのです。

話し言葉が事実と同じ重みを持っていた時代では、「従います」の言葉は、もはや破ることのできない契約です。大和政権が力を持ってくると、地方の豪族たちは、リスクのある戦いをせずに支配下に入る道をとったのです。大和政権が統一政権として確立すると、政権の使う日本語が、中央語になり、やがて文字による日本語の歴史を紡ぎ始めます。

文字のない時代の日本列島では、弥生時代に方言レベルの日本語消滅を確実に経験しています。話し手が全滅したことによる消滅です。しかしながら、大和政権確立後の中央日本語は、まだ一度も消滅の危機にさらされたことがありません。

日本語はこのまま消滅することなく生き続けられるでしょうか？　第四章に進みましょう。

第四章

# 日本語が消滅する時

## ここでのテーマ

日本語は、どんな時に消滅の危機に見舞われるのか？　それをくい止めるには、どうしたらいいのか？　この連続する二つの事柄を考えるのが、この章でのテーマです。

まず、もう一度、第三章で述べた、言語が消滅する原因を思い出してみます。①話者が全滅してしまった時、②強国に同化政策を施されてしまった時、③自発的に他言語にのりかえた時、④征服したにもかかわらず、征服された側の言語にのりかえた時、⑤別の言語を派生させ、役割を終えた時、です。このほか、これら五つの原因のうちの複数が絡んで、言語が消滅する場合もありました。

さて、これらの消滅原因が日本語にあてはまる可能性はあるのでしょうか？　あります！　まず、日本語消滅の可能性の低い原因から高い原因に向かって順に述べていき、次に消滅原因の中で最も可能性の高いものへの対処法を考えていくことにします。

## 可能性の低い消滅原因

日本語が消滅する原因として、最も考えにくいのは、④の「征服したにもかかわらず、征服された側の言語にのりかえた時」です。

どんな例があるかと言えば、すでに前章で取り上げた満州語。満州族は中国の漢民族を征服して清王朝を建てましたが、漢民族の人口が多く、文化水準も高かったので、満州族のほうが漢民族の中国語を用いるようになってしまい、満州語が消滅の危機に陥ったというケースです。大きく見れば、③の「自発的に他言語にのりかえた時」の一つの変形タイプですが、③と違って「征服する」という要素が加わっていますので、④として別に立てた項目です。

さて、日本語で、④が起こるか？　起こる確率は、極めて低いですね。というのは、日本は、一九四五年に第二次世界大戦での敗戦国となり、他国に戦争を仕掛ける力を失っているからです。さらに、日本人は、戦争に突入する時の帝国主義的な考え方の間違いを学んでいます。ですから、日本がもはや他国に戦争を仕掛け、征服者になることはないであろうと考えられます。つまり、④が起こることは、まずない、というわけです。

次に、⑤の「別の言語を派生させ、役割を終えた時」というのも、可能性の低い消滅原因です。でも、考えられないわけではありません。

日本は今、北は北海道から、南は沖縄までが一つの国になっています。それが、日本国内での対立が起こったり、戦争を仕掛けられたりして、北部、中央部、南部などと三地域に分裂してしまった（もしくは分裂させられた）とします。[*1] 三つの部分はそれぞれ独立し、別々の交流相手を見つけ、交流を開始します。たとえば、北部は、ロシアと交流し、中央部は、アメリカと交流し、南部は中国と交流したとします。

言語は、密接な交流国の影響を受けますから、何世代か経つうちに、それぞれがもとの日本語とは相当違った形になります。つまり、もとの日本語は、三つの言語の祖語《そご》（＝共通の祖先にあたる言語）となって消滅していきます。この場合の日本語の消滅は、子孫を残した穏やかな終わり方です。

## 比較的可能性の高い消滅原因

次に、①の「話者が全滅してしまった時」は、どうでしょうか？　日本語の消滅原因になり得るものです。一億二五〇〇万人の話者を持つ日本語では、話者全員が死滅することは考えにくいので、「話者の六割近くが死滅してしまった時」と置き換えて予想します。一般に、言語が消滅への道をたどり始めるのは、話者数が民族全体の四割まで落ち込んだ時であることが分かっているからです。日本語は、次のような三つの場合に話者数が大幅に減少してしまうと推測されます。

まずは、戦争です。他国から戦争を仕掛けられ、相手国が日本列島に原子爆弾を多数落としたら、日本人の大多数は、死滅します。広島・長崎への原子爆弾投下を思い出してください。たった二個のウラン型原子爆弾なのに、死者数は合わせて二〇万人を超えています。当座は生き残っても、原子爆弾の後遺症で癌《がん》や白血病にかかって、やがて死に至ります。広島・長崎の原子爆弾死没者名簿によると、現時点で五二万人の人が亡くなっています。[*2]

さらに、相手国が原子爆弾投下のみならず、日本全国に散在する五九基（＝図1の運転中●　停止中■□　廃止措置中▲　廃止×　の合計数）の原子力発電所を狙い撃ちして爆破したら？　生き残っていた日本人も放射能に汚染され、やがて死滅します。こうして、日本人の人口は大幅に減り、日本語は消滅していきます。

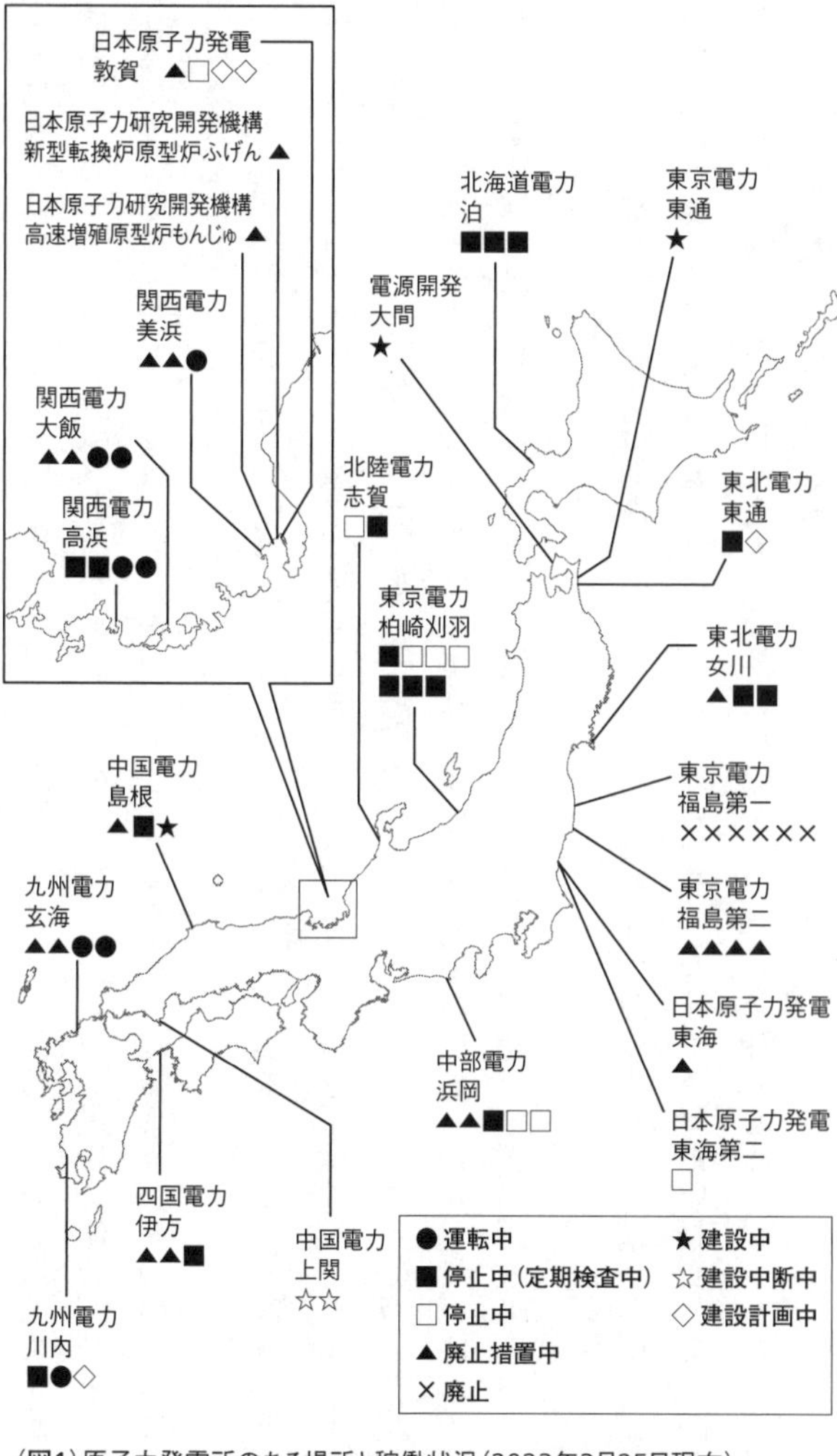


（図1）原子力発電所のある場所と稼働状況（2023年3月25日現在）。

第二に、自然災害とそれによって引き起こされる原子力発電所の大爆発によっても、日本人の人口は大きく減少します。日本は災害列島ですが、災害対策は比較的整っていますから、地震・大津波・大噴火といった自然災害だけでは、日本人の六割近くが死滅する可能性は低い。

でも、原子力発電所が怖い。二〇一一年に起こった福島第一原子力発電所の大爆発は、大地震と津波によって引き起こされています。原子力発電所で二〇年間働き、癌になって亡くなっていった平井憲夫《のりお》さんは、原子力発電所の危険性を私たちに書き残してくれています[*3]。

原子力発電所は一度動かすと、建物内は放射能・放射線でいっぱいになっている。地震や津波で建物が崩壊したら、放射能・放射線が一気に空中に放出される。発電所内で放射性物質に変わったチリやホコリを吸い込むと内部被曝《ひばく》する。内部被曝は、体の中に蓄積されて、やがて癌や白血病を誘発する。また、外部被曝（＝体外から放射線を受けての被曝）している人を助けようとすると、助けた人全員が放射能で汚染される。外部被曝した人が大勢いたら、一体、誰が助けられるのか？

原子力発電所は地震で「決して大丈夫ではありません」と、平井さんは声を大にして私たちに訴えかけています。原子力発電所が地震のない国にあるのと、日本のように始終地震に襲われる国にあるのとでは、危険度が違います。

そして、平井さんは、さらに警告してくれます。日本では、くたびれてよろよろになった原子力発電所が、まだ動かし続けられている。閉鎖した原子力発電所も、放射能まみれになっているから、発電している時と同じように、水を入れて動かし続けなければならない。だから、地震が来たら、稼働している原子力発電所と同じように危険。

そのうえ、全国の原子力発電所にはドラム缶八〇万本以上の放射性廃棄物がある。地震でそれらのドラム缶の中身が出てきたら？　原子力発電所で命の危機にさらされながら仕事をした平井さんは、自然災害によって引き起こされる原子力発電所の危険性を教え、日本や日本人のことを思いながら、亡くなっていきました。日本人は、少しも安全でない島に住んでいるのです。

大地震や津波が起こると、その被害だけではなく、原子力発電所から放出される放射能で被害が拡大されます。生き残った日本人も、時間の経過とともに体が放射能に蝕《むし》ばまれ、病気になって死亡します。こうして、日本人の人口は大きく減少し、日本語も消滅への道を歩み始めます。

第三に、日本人の人口の自然減少に伴い、空いた土地に他民族が大量に移住してきた場合です。日本人の人口は、現在急激に減少しています。世界でトップの高齢化率です。少子化率も高い。

国立社会保障・人口問題研究所は、二一二〇年には、なんと日本の総人口は、四九七三万人まで減少するという、ショッキングな推計結果を、今年（二〇二三年）の四月に発表しました。[*4] 今年、生まれた人が一生を終える頃には、一億二五〇〇万人いた日本人が、五〇〇〇万人以下になってしまうというんですよ！

そうなると、日本語は大言語《だいげんご》どころではありません。中小言語になってしまいます。のみならず、未来を支える若者たち・子供たちが少ないということは、日本語の将来が危うい状態になっているということです。

そうした状況に陥った日本列島に、他民族が大量に移住してきたら？　日本語は移住者の言語にとってかわられてしまう可能性があります。日本語の将来は、明るくないのです。

## さらに可能性の高い消滅原因

また、②の「強国に同化政策を施されてしまった時」も、可能性の高い日本語消滅原因です。戦争に負けると、勝った国の言語を強要されることが多い。そのほうが戦勝国には統治しやすいからです。

日本も第二次世界大戦で敗戦国となりましたが、幸いなことにアメリカのGHQ支配は短期間でしたし、英語を強要されることもなくて済みました。[*5]

地理的に、日本は、アメリカとは太平洋を隔てた遠い島国であり、直接統治にはコストがかかりすぎる。そのうえ、日本は日本語で統一された国家ですから、そこに新たに英語を植え付けていくのは至難と判断されたのでしょう。ともあれ、日本語は、無傷のまま生き延びることができたのです。

日本語は、明治時代にも、消滅の危機が忍び寄ったことがあります。一九世紀に入ると、ヨーロッパ列強は、アジア地域の植民地化に乗り出しました。フィリピン、マレーシア、シンガポール、インド、スリランカ、ミャンマー、ブータン、ラオス、ベトナム、インドネシアなど、次々にヨーロッパ列強の植民地になっていきました。

その頃の日本のリーダーたちは、ヨーロッパ諸国によって植民地化されることへの危機感を強烈に抱いており、その危機感は、国防を国家の最優先課題と位置づける主張となって現れています。[*6] 一九一〇年には、ヨーロッパ諸国は、アジアの国々の大部分を植民地化してしまいました。それを免れたのは、日本とタイだけです。日本は、かろうじてヨーロッパ諸国の植民地とならずに済んだ。つまり日本語は、二回も同化政策を施される危機を逃れたわけです。

なお、同化政策については忘れてはならないことがあります。明治時代に、国防を最優先した日本がヨーロッパ諸国からの植民地化を免れたのはよかったのですが、いい気になりすぎました。ヨーロッパ諸国に対抗して、日本は台湾や朝鮮半島を植民地化し、日本語を押し付けるという同化政策をとってしまったのです。

第二次世界大戦で敗北した日本は、台湾や韓国を手放しましたが、日本の同化政策は、とりわけ韓国においては日本への激しい反感を生み、現在に尾を引いています。同化政策は、施してはいけない政策の一つです。言語は、その民族を支える精神的支柱でもあるからです。

このように過去に同化政策を施されてもおかしくない時期に、日本はかろうじて逃れ、日本語は消滅せずに済みました。では、これからはどうでしょうか？　戦争のない世界がわれわれ庶民の切なる願いですが、いつでも世界は緊張をはらんでおり、気を抜くことができません。②の原因で、日本語が消滅の憂き目にあう可能性は、残念ながらあります。

## 最も可能性の高い消滅原因

日本語が消滅する原因として最も可能性が高いのは、③の「自発的に他言語にのりかえた時」という内発的なものです。

たとえば、日本のトップの政治家が、日本語をやめて英語にのりかえようという政策を打ち出し、国民も、世界共通語の英語にのりかえたほうが、経済的・社会的に有利だと考えた時、日本語は消滅します。

日本人は、日本語を使い始めてから一回も日本語を奪われたことがないので、母語の大切さを意識することが少なく、たやすく他言語にのりかえようとする傾向があります。

まずは、明治五年（一八七二年）に、のちに文部大臣もつとめた森有礼《ありのり》が、日本語をやめて英語にのりかえるという意見を提案しました。国語英語化論です。この案は、馬場辰猪《たつい》、西周《にしあまね》、黒川真頼《まより》といった錚々《そうそう》たる言語学者や日本語学者の猛反対にあい、痛烈な批判を浴びました。

森は、それでも諦めきれずに、アメリカの有名な言語学者、W・D・ホイットニーに書簡を送り、自説の国語英語化論に対する意見を求めました。ホイットニーは、言語と民族の深い関係を指摘して、森を宥《なだ》めています[*7]。言語学者ですから、母語の重要さを十二分に認識しており、森の提案をやんわりと否定したのでしょう。

森の提案は、西洋文明に接して自信喪失した日本人の気持ちを代弁しているように思えます。

## 国語フランス語化論

森の国語英語化論の提案から七〇年あまり後、第二次世界大戦直後の昭和二一年（一九四六年）にも、もう一人、国語外国語化論を唱えた有名人がいます。「小説の神様」と呼ばれた志賀直哉です。彼は、「不完全で不便な」日本語を廃止して、「世界中で一番いい言語、一番美しい言語」であるフランス語にのりかえるべきだという主張をしたのです。[*8]「国語フランス語化論」です。志賀自身は、日本語の名文で、短編『城《き》の崎《さき》にて』、長編『暗夜行路』などを書き上げ、大いに評価されていたのですが。おそらく日本が戦争に負けて、自信喪失していたところから出てきた意見とみるのが正しいでしょう。その四年後の一九五〇年には、「憲政《けんせい》の神様」と称された尾崎行雄《ゆきお》が、森有礼と同じく国語英語化論を提唱しています。[*9]

このように、日本語をやめて外国語を使おうという主張は、明治維新直後と太平洋戦争直後の自信喪失状態の中で、提案されています。

## 英語第二公用語論の提唱

さらに、終戦から五五年経った二〇〇〇年には、日本は戦後の絶頂期から転落し始めていました。バブル経済もはじけ、長期不況の下で、諸外国にも遅れをとってしまったと感じるようになりました。一種の自信喪失状態です。

その時期に、英語を第二公用語にしようという小渕恵三内閣の提案がなされています。これは、日本語をやめて英語にのりかえようというのではなく、日本語のほかに英語を使うようにしようというバイリンガル育成政策です。

小渕内閣は、首相の私的諮問機関「『二一世紀日本の構想』懇談会」を設けました。[*10]その諮問機関は二〇〇〇年一月に、「英語の第二公用語化」という案を示しました。英語を、日本の「第二公用語」とする構想です。「公用語」という言葉は、日本のように大多数の人が日本語だけを使っている国にはなじまない言葉ですが、要は、日本語の他に、国際社会で遅れをとらないために日常的に英語も使おう、という意味です。

もっと端的に言えば、日本人は、日本語と英語のバイリンガルになることを目指そうという政策の提案です。二一世紀は、今までにないほどの勢いでグローバル化とＩＴ（情報技術）革命が進むことが予想され、そこで日本が大国であり続けるための戦略として提案されました。

懇談会の案は、熱気を帯びており、「英語を国民の実用語とするために全力を尽くさなければならない。」「それには、社会人になるまでに日本人全員が実用英語を使いこなせるようにするといった具体的な到達目標を設定する必要がある。」「それとともに、国、地方自治体などの公的機関の刊行物やホームページなどは和英両語での作成を義務付けることを考えるべきだ。」というのです。

この懇談会のメンバーのお一人であったジャーナリストの船橋洋一さんは、『あえて英語公用語論』[*11]を刊行し、日本国民全体に、日本語と同じように英語を学ばせることが、国際競争にうち勝つ道であることを切々と説いています。さらに、少子高齢化に直面する日本では、いずれ移民を受け入れ、多民族・多言語社会を育てていかなければならない。そのためには世界共通語の英語が必須であるというのです。

さて、国家がこの政策を実現するために莫大な費用を投じ、[*12]さらに、英語ができれば、経済的に潤い、社会的にも上昇できるというメリットが日本国内で大々的に生じると、どうなるでしょうか？

世界共通語である英語が日本語を駆逐《くちく》し、日本語は消滅への道を歩んでいきます。最終的には、国民が、英語へののりかえを喜ばしいものと考え始めるからです。たとえば、エスキモー語話者のように。

言語学者の宮岡伯人《おさひと》さんは言います、「アラスカのエスキモー語でも、多くの人たちが、生まれそだった母語はすでに過去のもの、英語に移行することこそ安定と成功への道だと感じはじめ、むしろ積極的に母語との決別にむかっている[13]」。

また、中南米諸国の優勢言語・スペイン語の前に、地域言語であるインディヘナ言語が次々に消滅している現象を、言語学者の八《や》杉佳穂《すぎよしほ》さんは、こう記しています。「スペイン語を話す社会的利点に比べれば、インディヘナ言語に得なことはない。ひとたびそう思うと、自分たちの母語を捨て、家庭内でもスペイン語を話すことに努《つと》めだす。こうして急速にインディヘナ言語は失われている[14]」と。

経済的・社会的に有利な言語を前にすると、自分たちの母語をみずから進んで捨てていくという状況が生まれるのです。日本語が、同じ運命をたどらないと誰が断言できるでしょうか？

世界の最有力言語である英語と戦わされた日本語は、肩を落として寂しそうに、歴史の彼方へ消えていく可能性が高いのです。言語は、それを使っている民族が大事にしてやらなければ、滅びていきます。

## 日本語が消滅する時

以上、日本語が消滅するのは、どういう時なのかという問題を具体的に考えてみました。漠然と考えていると、消滅しそうもない気のする日本語ですが、突き詰めていくと、案外もろいことに気づくでしょう。

消滅の可能性のある原因としてクローズアップされたのは、

①話者の六割近くが死滅してしまった時
②強国に同化政策を施されてしまった時
③自発的に他言語にのりかえた時

です。①と②は、外部からの力が加えられた時に起こる消滅原因ですが、③は、日本人の内部から起こる消滅原因です。そして、最も日本語の消滅を引き起こす可能性が高い原因です。その典型が、現在なら、英語公用語論に代表されます。

英語公用語論は、さしあたりは日本人が日本語と英語のバイリンガルになることを目指しているのですが、バイリンガル達成の暁《あかつき》にやってくるのが、日本語の消滅です。というのは、バイリンガル時代の次にやってくるのは、優勢言語のみを話すモノリンガル時代であることが、過去の事例から明らかになっているからです[*15]。

世界共通語である英語は、最終的には地域言語である日本語を駆逐してしまう力を持っています。日本語、危うしです。

では、日本語の消滅を防ぐには、どうしたらいいのでしょうか？　内発的な理由で消滅するのですから、解決方法も基本的には、内発的な日本人自身の考え方にかかっていることに気づきます。

そもそも、英語公用語論が日本語の消滅を引き起こしかねないバイリンガル教育を主張する根拠は何だったでしょうか？　大きく二つありました。一つ目は、国際競争に負けないために、二つ目は、日本が近い将来、移民を抱えた多民族・多言語社会にならざるを得ないことに対応するために、でした。

この二つの根拠は、本当に日本人が日本語と英語のバイリンガルにならなければ、解決できない問題でしょうか？　結論を先に言えば、二つとも今までのやり方を改善することによって解決できるように思えます。以下、一つずつ具体的に考えてみましょう。

## 国際競争に負けないために

日本は、今、国際競争に負けないために、学校教育で英語を学び始める年齢を下げたり、英語の授業時間数を増やしています。でも、物理的に増やせる時間数は限られています。それでは効果が上がらない。膨大な時間と費用をかけて英語漬けにしない限り、国際社会で戦えるような英語力はつかないことが判明しているからです[*16]。

とすると、何世代かかけて、日本人の英語力を徐々に上げていくということになります。国民全体を日本語と英語のバイリンガルにするという計画は、莫大な時間と費用がかかる。その割には効果が上がらず、最終的には日本語を失う可能性さえある。そんな危ない橋をわたるよりも、現在の日本の英語教育のやり方を改善することによって英語力の強化を狙ったほうが無難です。

門外漢の私が、こんなふうに改善したらどうかと考えていることがあります。次の三点です。第一は、従来の吸収型の英語教育と新しく出てきた発信型の英語教育を組み合わせることです。文法や読解に重点を置いてきた従来の英語教育は、発信する力がつかないという欠点がありました。一方、コミュニケーションに重点を置く発信型の英語教育は、学力の低下を招いていることが指摘されています。[*17] 文法や読解によって得られる知識がないからです。どちらの教育も長所と短所があります。だったら、それぞれの教育方法の長所をとって組み合わせれば、成果が上がるのではないか。

具体的に考えれば、まずは、中学生になった時点で、従来教育と同じく文法や読解を中心とする、いわゆる吸収型の英語教育を施す。そして、中学二年生の後半からは、コミュニケーションに重点を置く発信型の新しい英語教育を施すというぐあいに。インプットの時期とアウトプットの時期を意識的に区別し、目標を明確にしておくわけです。インプットの時期とアウトプットの時期を意識的に区別し、目標を明確にしておくわけです。

こんなふうに二段階式のメリハリをつけた英語教育にすると、かなり英語力がつくのではないかと思えるのです。なお、小学校の英語の時間では、英語の歌を歌ったりしながら、英語の発音と語彙の習得に特化しておく。

二段階式にしておくと、吸収するのが得意な人と発信するのが得意な人といった能力の違いも明らかになり、将来の職業選択にも役立ちます。

第二は、日本語との対比で英語を教えていく方法にすることです。文法にしろ、表現方法にしろ、できるだけ日本語との違いを際立たせて教えていく。たとえば、述べ方の違いについて。日本語は時間の経過に従って物事を述べるけれど、英語では、まず結論を述べ、そのあとにそれを裏づける理由や説明を加える述べ方であり、日本語と大いに違っている、というぐあいに[*18]。日本語とどこが違うのかという観点から、英語を学ぶと、その距離感に驚き、興味が増し、力がつくと思えます。

第三は、ネイティブ志向をほどほどに抑えた英語教育にすることです。職人気質の日本人が本物志向をすることはよく分かりますが、世界共通語となった英語に関しては、それぞれ現地の言語の影響を受けた訛《なま》りがあるのは当然です[*19]。言語学者の本名《ほんな》信行《のぶゆき》さんは言います、「ネイティブ志向の英語教育は非常に無理があり、有効でも適切でもない。それは日本人の英語に対する消極的態度を引き起こすだけで、便利な英語運用能力を育成できない」[20]と。

大切なことは、自分の考えが相手にとにもかくにも通じることです。ジャパニーズ・イングリッシュでいいのです。堂々とゆっくり話すジャパニーズ・イングリッシュは意外に相手に通じます。

こんなふうに、英語に対する意識と教育方法を変えるだけでも、かなりの英語力のアップが見込める気がするのですが、いかがでしょうか。

さらに、元駐米大使の藤崎一郎さんが提言しているように[21]、日本人の英語教師を一年間海外留学させるために、政府が資金を提供することです。これは、外国人教師を雇うよりも、はるかに日本のためになります。

## 移民の受け入れには、日本語教育

次に、英語公用語論の二つ目の根拠を検討してみましょう。船橋洋一さんは、日本国民全員が英語に堪能になる必要性の根拠をこう述べます、「日本が英語を第二言語として使うことができる水準に達すれば、移民の日本社会への溶け込みも円滑になるだろうし、すでに日本に定住している外国人たちも日本でのより大きな機会に恵まれ、将来設計を立てやすくなるだろう[*22]」と。

何か変ではないですか？　主客が転倒しているような奇妙な気持ちになります。日本にやってくる移民のために、日本人はわざわざ英語を学ぶ必要があるのでしょうか？

それに、移民と言ってもいろんな国の人がいる。東南アジアや南アジアの人々が多く、むしろ英語圏の人は少ない。だとしたら、日本人にも移民の人にも通じにくい英語を使う必要ってないんじゃあないかしら。むしろ、日本にやってきた移民の人に、日本での生活に困らないよ

うに、日本語をきちんと伝授すべきじゃあないのかしら。これは、私が思わず心の中でつぶやいた反論でした。

日本社会に溶け込んでもらうためには、移民の人に日本語を学べる機会を積極的に提供したほうが早道です。幸い、日本では、近年、外国人を対象に日本語を教える日本語教育が充実してきています。さらに日本語教育を進化させて、多民族・多言語の人々に日本社会になじんでもらい、日本という国に魅力を感じてもらえるような方向で努力を重ねていくのがベストです。

こうして、英語公用語論の二つの根拠は、逆に日本語の価値の再認識に転換していきます。のみならず、次に述べるような五つの事柄を意識化すると、日本人の内部から起こる日本語の消滅を防げます。

## 世界共通語は変わる

第一に、世界共通語は時代とともに変わることを意識することです。いつまでも英語が世界共通語であるとは限りません。西欧での最初の世界語的な言語は、ギリシア語でした。それから、ラテン語がとってかわり、一八世紀になると、フランス語がラテン語の地位を奪って世界語に躍り出ました。そののち、人工言語の可能性を追究するなかで英語が次第に力をつけ、二〇世紀半ばには英語が世界共通語の地位を獲得したわけです。

英語の地位が確固たるものになる前の米ソ冷戦時代には、英語のみならずロシア語も世界語の候補だったのです。私が勤めていた大学には、イギリス人の英語担当教授がいました。彼は、私に言うのです、「自分が若い時には、世界語の候補として英語とロシア語があがっていました。だから、ロシア語を学んでおけば、世界のどこにでも行けると思って、ソビエト連邦に向かった。でも、一九九一年にソビエト連邦が崩壊してロシア語の地位が下がってしまった。それで、立ち寄った日本でそのまま英語の教師になりました」と。世界共通語は、変わるのです。

次の世界共通語を見据えて、シンガポールやマレーシア、タイでは、英語とともに中国語の重点語学教育を施しています。世界共通語が英語でなくなった時、英語だけあればいい、日本語なんかいらないと考えていた人は、どうするのでしょうか？　新しい世界共通語に、またのりかえるのでしょうか？

そんな非効率的なことに陥らないためには、母語である日本語をしっかり保持しておくことです。どんなに世界共通語が変わっても、日本人を支え続けてくれる言語は、日本語なのです。

## 自動翻訳機の発達

第二に、現在の技術の進歩は目覚ましく、リアルタイムの自動翻訳が高精度化し始めていることを意識してください。日本では、NICT（国立研究開発法人情報通信研究機構）の研究成果による自動翻訳の精度が極めて高くなっています。[*23] 英語なら、二〇一九年にはTOEICスコアでトップレベルの九六〇点をとるという実績をあげています。AI自動翻訳が「業務上、英語に困ることはない段階」に達したわけです。

英語、中国語、韓国語、フランス語、スペイン語、タイ語、インドネシア語など、一〇言語に特化したために、その精度が画期的に上がっています。その他の言語も、必要に応じて追加開発可能です。

そうしたAI自動翻訳の劇的進化によって、自国語を話したり書いたりすれば、必要な国の言語にたちどころに翻訳されるという時代になりつつあります。それぞれの国は、自国の言語で自由に発信できる時代の到来です。そんな時、英語にのりかえてしまっていたら、日本は、何の取柄《とりえ》もない国になっています。日本語は、日本人を守り支える最後の砦《とりで》なのです。

## 日本語だけで暮らせる国

第三に、日本語は、日本国内すべての人に通じる共通語の役割を果たしていることを意識してください。かつてヨーロッパの植民地になった東南アジアや南アジアの国々は、国内で数種類から何十種類・何百種類という言語が話されている多言語国家です。

たとえば、フィリピンでは八五種類の民族言語があり、それぞれの民族言語同士は通じない。八五種類の民族言語を束ねる共通語が必要なのです。ところが、八五種類のうちのどれか一つの民族言語をとって共通語にしようとすると、争いが起こる。そこに登場するのが、植民地化された時に親しんだ英語です。英語は、これらの国々では、共通語としての役割を果たしているのです。

また、海外貿易依存度の高い国では、やはり世界共通語の英語が必要です。韓国は、東アジアで最も英語力の高い国になっていますが、韓国経済は、海外貿易に依存しています。日本の海外貿易依存度は二〇%から三〇%であるのに対して、韓国の海外貿易依存度は八〇%から九五%にまでのぼります。だから、韓国ではビジネスで英語が必須。[*24]英語ができないと、キャリアアップや転職もままならないのです。

日本では、国内共通語として日本語があるし、海外貿易依存度も高くない。だから、日本語だけで暮らせる国なのです。

## 日本語は先人たちの苦心の賜物

第四に、日本人が長い年月をかけて営々といつくしみ育ててきた日本語の重みを意識してください。日本人は、さまざまな工夫を重ねて、日本語を使いやすく繊細な意味合いまで出せる言語に進化させてきています。

たとえば、日本人は最初「花　咲く」のような単語だけを並べた言い方をしていましたが、鎌倉・室町時代には「花が咲く」のように、助詞「が」「は」「も」などを入れて論理的で細かいニュアンスまで出せる言語に改良しています。[*25] その結果、語順だけで文を構成する場合よりも、はるかに微妙な意味合いまで出せる言語になっています。

「私はあなたを愛します」と言えば、他の人はいざしらず、私に限ってはあなたを愛しているのだという語感が出せます。それは、「私があなたを愛します」や「私もあなたを愛します」とは違った意味合いですね。

文章にしても、日本人はさまざまな試みをし、漢字と仮名を交ぜて書く方法にたどり着きました。その結果、分かち書き（＝言葉の区切りごとに空白を入れて書く）をしなくても読める機能的な文章になっているのです。

英語なら「I take a walk in the park」となって、語と語の間には必ず空白が入ります。韓国語でも、アラビア語でも同じです。でも、日本語なら、「私は公園を散歩する」となって、切れ目を入れなくても一目瞭然。さらに句読点を併用すれば、分かりやすいこと、この上なしです。

また、日本語の文章は、漢字に重点を置いて読んでいくと、大方《おおかた》の意味がとれてしまう。つまり、速読可能な文章なんです。抜群の効率のよさを持っています。

先人たちの創意工夫の詰まった日本語は、分厚い伝統の重みを持っています。それを意識することが、日本語の消滅を救うことになります。

＊

以上、日本語を守るために意識すべき事柄を述べてきました。英語公用語論の根拠になっていた事柄さえ、逆に日本語の重要さを意識させられる結果になりました。

①英語は、日本語を土台にした教授法に変えると興味が増す
②移民には日本語を学べる機会を積極的に提供する

というぐあいに。さらに、次の五項目を意識することが日本語の消滅を防ぐ手立てになります。

③世界共通語は変わる
④自動翻訳技術が進歩している
⑤日本は、日本語だけで暮らせる国である
⑥日本語は、先人たちの苦心の賜物である

そして、次の第五章で取り上げるように、

⑦母語ほど、大切なものはない

これら合わせて七つの事柄を日本人が意識することによって、日本人の内部から起こる日本語の消滅は回避できます。日本語の消滅を防ぐのは、日本人が、どれほど日本語の力を自覚しているかということにかかっているのです。

日本語の言語としての特質は、第六章、第七章でしっかり述べます。きっと日本語の底力《そこぢから》が分かっていただける！

第五章

# 母語の力を意識する

## ここでのテーマ

第四章では、日本語の消滅はさしあたり日本人の内部から起こる可能性が最も高いこと、そして、それを回避するために日本人の意識すべきことを七つ列挙しました。

この章では、その七つ目にあげておいた母語の大切さを自覚するということに焦点を当てます。母語の力を意識することは、言語消滅の危機に立ち向かう時の、重要なバックボーンになっていきます。

## 母語とは何か

「母語」って、何でしょうか？　社会言語学者の田中克彦さんは「母語」をこう規定しています、「生れてはじめて出会い、それなしには人となることができない、またひとたび身につけてしまえばそれから離れることのできない、このような根源のことばは、ふつう母から受けとるのであるから、『母のことば』、短かく言って『母語《ぼご》』と呼ぶことにする」[*1]。ひらたく言えば、幼児期に母親などの身近な人々から自然に習い覚え、自分の中に深く入り込んでいる言語、それが「母語」です。

「母国語」というよく似た言葉がありますが、「母語」とは違いますので区別してください。母国語は、その人が国籍を持っている国で定められている共通語（公用語）のことです。「国語」「国家語」と呼んだほうが正確です。日本では、「母語」と「母国語」が一致している人が多いので、区別しにくいかもしれません。でも、テニスで有名な大坂なおみ選手を思い浮かべてみると、両者の違いがよく分かります。彼女の国籍は日本ですから「母国語」は日本語です。でも、彼女の「母語」は英語です。

国際化が進むと、日本でも、母語と母国語とが一致していない人がどんどん増えてきます。ですから、「母語」と「母国語」の区別は、日本でも必要になりつつあります。

「母語」と「母国語」が一致していない人は、一致している人よりも精神的な苦痛を感じることが多いようです。たとえば、在日朝鮮人の金時鐘《キムシジョン》さんは『朝鮮と日本に生きる』[*2]の中で、「母語」となってしまった日本語と「母国語」である朝鮮語とのはざまで引き裂かれる自己を切々と綴《つづ》っています。

それにしても、日本人の多くが日本語を「母語」とし、「母国語」とするというのは、極めて恵まれた状態であることを、まずは心にとめておいてください。一国一言語に近い状態にある国は、韓国、北朝鮮、モナコ、バチカンくらいしかないのですから。[*3]

## 七万時間以上をかけて自然に習得

繰り返しますが、「母語」は、生まれてから本人が意識しないうちに自然に身につけた言語で、あたかも肉体の一部であるかのようにあなたの中に入り込み、瞬時に口をついて出てくる言葉です。「自然に身につけた言語」と言いましたが、実際には、たくさんの時間を費やして習得しています。

私たちは、お母さんのお腹《なか》の中にいるうちから、母語のリズム、音の高低のパターンなど、母語の特徴をすでに学び始めています。そしてこの世に生まれた途端に「まあ、かわいい！」などと、母の喜びの声を聞き、家族の言葉のシャワーを浴びて育ちます。

発達心理学者の今井むつみさん[*4]は、その言語ばかりを聞くうちに、母語の発音のカテゴリー（＝範疇《はんちゅう》）を学び、母語特有のカテゴリー知覚をつくり上げていくことを明らかにしています。つまり、新生児はどんな言語でも発音できる状態であったわけですが、日本に育って日本語のシャワーを浴び続けると、日本語特有の発音だけを整理して受け入れ、日本語の発音を獲得していくわけです。

抱っこされて町中に出れば、犬や猫や車に出会い、人の会話や歌や呼び声を耳にします。お母さんはそのたびに「わんわんよ」「にゃんにゃんよ」「ブーブーが来たね〜」と子供に話しかけます。やがて保育園や幼稚園、そして小学校に通い、同じ年の子供たちや先生と会話し、母語の習得に拍車がかかります。

寝ている八時間くらいを除くと、一日一六時間も日本語のシャワーを浴び続けています。ですから、小学六年生の一二歳になるまでに、合計七万時間以上を費やして母語を習得しています。

ちなみに、日本で英語などの第一外国語を学ぶ時間は、小学六年生までで、二一〇時間。[*5]大学卒業までにトータル約一一〇〇時間。[*6]母語が、いかに長い時間をかけて無意識のうちにマスターした言語であるかが分かります。だから、自由自在に操《あやつ》れる！　これを大事にしない手はないではありませんか。

## 暴力を抑制する力を持つ

自由自在に操れる母語は、暴力を抑制できるというすばらしい力を持っています。人間は、自在に操れる言葉を失うと、暴力的になってしまいます。なにしろ、言いたいことが相手に伝えられないのですから。

一歳七か月の時に熱病に侵され、視力と聴力をいっぺんに失い、言葉を発することができなくなったヘレン・ケラーは、その苦しさを次のように述べています[*7]。「自分の思いがわかってもらえないと、かならず怒りが爆発した。まるで、見えない手が私を押さえつけているようで、その手をふりほどこうと、必死だったのである。私はもがいた――それで、事態が改善されるわけではない。それでも私の心は必死に抵抗した。たいていは、くたくたになるまで涙を流して泣きわめいた」。

自分の思いや気持ちが言葉にできない時、荒れくるう以外にないほどの苦しみが襲ってくることが分かります。「まるで、見えない手が私を押さえつけているようで、その手をふりほどこうと、必死だった」という感覚は、生々しく、体験者でなければ伝えられない苦しさの質です。

そうした暴力的な行為の後に襲ってくるのは、深い無力感です。「私は、何ヶ月ものあいだ、怒りと悲しみに苦しめられ、そしてその激しい戦いのあとで、深い無力感に打ちひしがれていたのである」[*8]とヘレン・ケラーは告白しています。人によっては、生きる希望すら失ってしまう状況です。

ヘレン・ケラーは、後年、指文字を覚え、それで自分の思いを盲学校の生徒たちに伝えられた時の喜びをこう語っています、[*9]「『私のことば』で他の子どもたちと話せるなんて！　それまでの私は、通訳を通して話す外国人同然だったのだ。あのローラ・ブリッジマンが学んだ学校では、通訳がいらず、まるで母国へ帰ってきたような気分だった」。

ローラ・ブリッジマンというのは、ヘレン・ケラーと同じく視力・聴力という二重の障碍《しょうがい》を負った人です。でも、努力を重ね、世界で初めて他人と会話ができるようになったので、とても有名になった人物です。

ヘレン・ケラーは、自分で自由に操れる言葉を持つことの喜びをかみしめています。「母国へ帰ってきた」気分と表現しています。自分の言葉で話せる喜びは、まさに母語を話せる喜びと同じです。

思いのままに操れる母語は、人を暴力の淵《ふち》から救い上げてくれる力を持っています。

## 後から学ぶ言語の基礎をつくる

さらに、母語の強みは、文法を知らなくても自由自在に使いこなせることです。私は、中学校に入って「口語文法」という教科書で、現代日本語の話し言葉の文法を学んだ時の驚きを忘れることができません。「えっ、自分は、こんなに規則性のある難しい言葉をしゃべっていたの?」とびっくりしてしまったのです。「でも、こんな規則なんか知らなくても自在にしゃべれるんだけど、なんで学ぶの?」と、別の疑問も湧き上がりました。

母語は、長い時間をかけて言葉の運用法すべてを自然に身につけているので、文法など意識しなくても使えるのです。

けれども、のちに、この「口語文法」の学習が必要不可欠であることを悟りました。それは、後から学ぶ言語を効率的に習得するための基礎になる科目だったのです。

私たちが、未知の言語を、母語と比べ物にならないほど短時間で習得できるのは、母語の文の成り立ち方を分析的にとらえることができているからです。

主語・目的語・述語という概念、修飾語と被修飾語の関係、名詞・動詞・形容詞・副詞・感動詞・接続詞・助動詞・助詞の形と機能、こうした文法をまず母語で押さえてあるからこそ、新しい言語にも適応し、違いを察知し、すばやく習得していくことができるのです。「文法」という共通項を通して、未知の言語が容易に学べ、読み解けるのです。

誰に強制されたわけでもなく、自然に親から子にバトンタッチされた母語は、自由自在に操れるばかりではなく、後から学習して身につける言語の基礎になっています。

## 固有の世界観をつくる

また、母語は、その民族の世界観をつくっています。ここで言う世界観とは、自分の生きている環境をどう切り分け、カテゴリー化してとらえているのかということを意味しています。

私たちの目の前に広がる世界は、混沌《こんとん》として切れ目のない素材の世界です。それらの素材を、その民族にとって有用と思われるやり方で切り分け、言葉を与え、カテゴリー化し、網の目のようなネットワークを作り上げていきます。それが、その民族固有の世界観になっています。

たとえば、日本人なら、自分たちの生活に関わりのある自然現象に注目し、「梅雨《つゆ》」「嵐《あらし》」「雷《かみなり》」「霰《あられ》」「つむじ風」といった言葉を与え、これらを「天体の現象」などとしてカテゴリー化しそうです。あるいは、目の前にある木々に注目し、「松」「杉」「檜《ひのき》」「桜」などの言葉を与え、これらを「植物」というカテゴリーにまとめそうです。

実は、今からおよそ九〇〇年前の平安末期にできた『色葉字類抄《いろはじるいしょう》』*10という国語辞書は、意味分類による辞書なので、当時の人々の世界観を見るのに、うってつけです。

図1をご覧ください。2行目から「天象《てんしょう》」「地儀《ちぎ》」「植物」と続く項目が、当時の人々のこの世界のカテゴリー化です。今、これらの項目を書き抜き、まとめると、次のようになります。（　）には、そこに集められている言葉の性質を記しておきます。

**天象**（天体や自然現象や年月に関する言葉）、**地儀**（地形や建造物に関する言葉）、**植物**（植

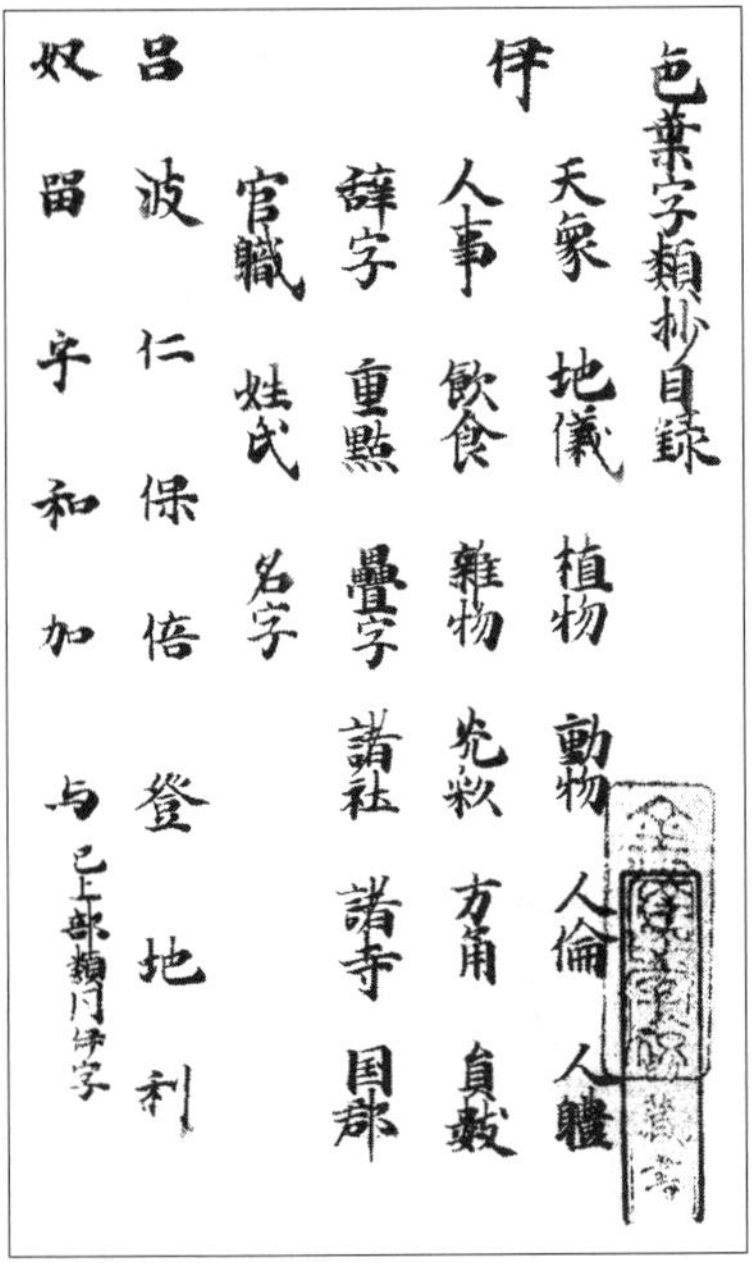

色葉字類抄目録
天象 地儀 植物 動物 人倫 人體
人事 飲食 雑物 光彩 方角 員数
伊
辭字 重點 疊字 諸社 諸寺 国郡
官職 姓氏 名字
呂 波 仁 保 倍 登 地 利
奴 留 乎 和 加 与 已上部類門伊字

（図1）『色葉字類抄』の意味分類。『色葉字類抄研究並びに索引 本文・索引編』（風間書房）より。

物名や植物由来の物に関する言葉）、**動物**（けものや鳥類や魚貝類や虫類に関する言葉）、**人倫**（人間関係や職業に関する言葉）、**人体**（人間の体の部分名称や病気に関する言葉）、**人事**（人間の行動に関する言葉）、**飲食**（料理名や食材に関する言葉）、**雑物**《ぞうもつ》（家具や道具や衣服に関する言葉）、**光彩**（光の様子や色味に関する言葉）、**方角**（空間認識に関する言葉）、**員数**（数や単位に関する言葉）、**辞字・重点・畳字**《じょうじ》（二字熟語など抽象的な事柄を表す言葉）、**諸社**《しょしゃ》**・諸寺**《しょじ》（寺や神社の名前）、**国郡**《こくぐん》（国や郡の名前）、**官職**（省庁や官位に関する言葉）、**姓氏**《せいし》**・名字**（姓名の具体例）。

太字で示したカテゴリーの項目を見ても、私たち現代人の世界観とたいして違わないことに気づくと思います。現代日本人は、見事なまでに昔の日本人の世界観を継承しているのです！

ここで、どこの国でも似たり寄ったりなんじゃあないのと疑問に思う方もいらっしゃるでしょう。でも、違うんですね。たとえば、熱帯雨林に住むニューギニア島の民族を考えてみます。

彼らは、熱帯植物の繁茂している中で生活しており、「植物」に属する言葉が極めて多い。[*11] しかも、彼らは薬草の知識がものすごく豊か。となると、日本人のように「植物」と一括りのカテゴリーにしないで、「毒草」「食草」「薬草」、そして、それらのどれでもない「雑草」などと、複数のカテゴリーに分けてとらえている可能性があります。残念ながら、話し言葉しかないので、それを目に見える形でここに提示することはできませんが。

あるいは、砂漠に住む民族であれば、植物は生えにくいので、日本語のように「植物」のカテゴリーは設定されていない可能性が高いですね。わずかに存在するかもしれない植物名は、どこか別のカテゴリーにまぎれこんでいるに違いありません。たまたま食べられる植物であれば、「飲食」に入れられているでしょう。

逆に、日本語にはない「鉱物」というカテゴリーを設け、金・銀・銅をはじめ、ダイヤモンド・アクアマリン・オパール・ガーネットなどの宝石が集められている可能性が高い。日本では、まれに出てくる鉱物名は他のカテゴリーに潜り込んでいます。たとえば、「銅」は、道具を作る時に必要なので、「雑物」のカテゴリーに入っているというぐあいに。

「動物」のカテゴリーを考えてみても、言語によって違っています。たとえば、すでに取り上げたことのあるアメリカの南西部に住む先住民のナバホ語では、強い動物から弱い動物までのランクづけがありましたから、「強い動物」「中くらいの動物」「弱い動物」などと複数のカテゴリーを設定しているに違いありません。

また、極寒の地に住むイヌイット族では、伝統的な食物は、アザラシとセイウチ。内臓まで食べます。ですから、「アザラシ」「セイウチ」がそれぞれ一カテゴリーを作り、医学書の解剖図にある名称のように、部位ごとに名前が付けられ、体系づけられていると考えられます。

あるいは、トナカイ遊牧民であったコリャークでは、トナカイに年齢や性別によって別々の言葉を与えていますから、[12]「トナカイ」だけで一つのカテゴリーを作っている可能性があります。

こんなふうに、どんな環境に住み、どんな生活をしているかによって、この世界の切り分け方は大きく異なっています。

母語を習得していく過程で、こうした民族固有の世界観も身につけていきます。この世界観は、よく分からないものに遭遇した時にも有効に作動します。

たとえば、見知らぬ土地を歩いている時、足元にちょっと変わった石が落ちている。しばらく観察しているうちに「隕石《いんせき》」に違いないと見当を付けるのも、母語でのカテゴリー化ができているからです。

実は、平安時代の日本人も、すでに「隕石」を認識していました。『色葉字類抄』には出てきませんが、『続日本紀』の宝亀三年（七七二年）六月の項に「往々《しきり》に京師《けいし》（＝みやこ）に隕石《ふるいし》あり。その大《おほ》きさ柚子《ゆのみ》の如《ごと》し。[13]」と記されています。この頃、大規模な流星雨《りゅうせいう》現象が起きたようです。

母語によって培われた世界観は、すでに述べたように、その民族に代々継承されていきます。

## 固有の文化をつくる

また、母語は、その民族固有の文化をつくりあげています。ここで言う「文化」とは、その集団を構成する人々によって習得され、共有され、伝達される思考様式・行動様式・生活様式を指しています。世界観と截然《せつぜん》と区分することはできませんが、違いを際立たせる形で取り上げておきます。

さて、日本人が共有する文化は、どんな特性を持っているでしょうか？　さまざまな特性が考えられますが、ここでは、自然との共生、相手への同化、という、なにやら一つにつながっていきそうな二つの特性をあげてみます。

まず、自然との共生という特性について。日本人はアニミズム（＝自然界のあらゆる事物に霊魂が宿ると信じる考え方）だとか多神教（＝多数の神を同時に崇拝する宗教）だとか言われ、一神教の国々からは不思議がられます。でも、それは、日本の自然環境と密接に結びついた思考様式から生まれていると私は考えています。

火山列島に住む日本人は、広大で地盤のしっかりした大陸に住む人々とは違って、自然災害に直撃される確率が格段に高い。

台風は、一年に何回も日本列島を直撃し、洪水を引き起こし、家屋や作物に甚大な被害を与える。たまたま海にいれば、船に難破の危険が迫る。地震は、日常茶飯事のように起こる。大地震であれば、おびただしい数の家屋を破壊し、人命を奪う。さらに、大地震は津波を引き起こし、街全体を根こそぎにし、人の命も奪い取る。

また、火山列島であるから、大噴火が起きて街や人に甚大な被害を与えることもある。

こうした災害列島に住んでいると、自然を畏怖《いふ》する心が植え付けられます。自然は、人間の太刀《たち》打《う》ちできない相手です。どうしたら、この猛威を振るう自然と折り合いをつけて生活できるのか？　自然物には神や精霊が宿っているに違いないから、それらに貢物《みつぎもの》をして機嫌をとり、祈り、その心を和《なご》めつつ、共生するしかないという考えに至ります。

事実、奈良時代の『古事記』では、海が荒れていると、海神《わたつみのかみ》の心を宥めるために、最も大事な女性を貢物として差し出したりしています。

たとえば、貢物になった女性は、弟橘《おとたちばな》比売命《ひめのみこと》。倭建命《やまとたけるのみこと》が走水海《はしりみづのうみ》（＝今の浦賀水道）をわたる時、海峡の神が波を起こし、船を難破させようとした。その時、弟橘比売命が自ら貢物になると申し出て、海に入る。すると、荒波は静かになって、船が先に進むことができたと記されています。[14]

また、平安時代の紀貫之《きのつらゆき》も、土佐から京都に帰ってくる船旅で海が荒れた時に、貴重な鏡を海に投げ入れ、海神の心を宥めています。鏡を投げ入れると、たちどころに海が凪《な》ぎ、無事に海路を進むことができたと『土佐日記』に記しています。[15]

ここには、自然物に宿る神に貢物をし、その心を和めつつ、自然と共生しようとする思考様式が見られます。これが、アニミズムとか多神教とか言われるものに連なっていくと考えられます。

こうした昔の日本人の思考様式は、現代日本人にも継承されています。その証拠に、多くの日本人は神社とみると、祀《まつ》ってある神は別々なのに、どこの神社でも素直に手を合わせ、祈っています。のみならず、山や海に向かって手を合わせることもあります。

## 相手に同化してとらえる

また、島国という閉じられた環境で、人間同士がうまく生きていくためには、争いを最小限にするほうが効率的です。そのためには自己主張は抑えたほうがいい。相手の立場に立って、物事を見ることが大事です。こうした思考様式は、すでに平安時代の『源氏物語』に顕著に現れています。

『源氏物語』では、理想的な登場人物は常に相手のことを気遣う言動をとっています。たとえば、主人公の光源氏は、相手の立場や気持ちを考え、自分の意に染まなくても、相手にとって都合がよいと思える行動をとっています。また、女主人公の紫の上も、とにもかくにも、相手のことを第一に考え、自分の気持ちを殺して行動しています。[*16]

同じく『枕草子』でも、相手の心をいち早く察知して、その心に沿った行動をする人物がほめたたえられています。[*17]

現代日本語でも、「気が利く」「気を利かす」「気が付く」「気を兼ねる」「気を配る」「気働きがある」「気配りをする」などと、相手の気持ちを推し量って行動することをほめる言葉があふれています。

こうした相手の立場になって物事をとらえるという思考様式は、人を指す呼び名にも現れています。たとえば、迷子になった男の子に大人が話しかける時は、「ぼく、誰と来たの？」などと、その子自身になって、一人称代名詞「ぼく」で呼びかけます。英語だったら、二人称代名詞「you」です。日本人は、相手に自分を同化する傾向が顕著なのです。[*18]

いや、相手が人間でなくて、物である時にも、日本人はその対象物に自分を同化します。たとえば、ノーベル文学賞を受賞した川端康成の文章には、そうした日本人の思考様式を存分に感じさせてくれる名文があります。

彼の作品『雪国』の冒頭文は、「国境の長いトンネルを抜けると雪国であった。」日本人なら、何の違和感もなくすらりと読め、トンネルを抜けた途端に眼前に広がる白一色の雪景色が見えてきます。でも、常に主語を明確にする英語では、理解されにくい文です。なにしろ、主語が現れていないのですから。

ですから、名翻訳家のサイデンステッカーさんは、こう英訳しています。[*19]「The train came out of the long tunnel into the snow country.」。この英文を逆に日本語にしてみると、「汽車は長いトンネルを抜け雪国に出た。」です。日本語では消えていた「汽車」という主語が前面に出てきてしまいます。

日本人からすると、あら、客観的な「汽車」が主語なの？　うーん、ちょっと違うんだなあ、「私と同化した汽車」が主語なのよねえ。強いて主語を明確にして言うと、「自分の乗っている汽車が国境の長いトンネルを抜けると、自分の目の前に雪国が開けていた」です。自分を汽車に同化させた、極めて日本的な表現なのです。日本人は、対象物にまで同化する視点を持っています。

現代日本人も、日本古来の相手の立場に立って物を見るという思考様式を、意識せずにいつの間にか継承しており、自己主張をせずに相手に合わせる民族になっています。この特性は、自分の立場をはっきり表明できないというマイナス面につながります。とりわけ国際社会では、不利になりやすい特性です。

けれども、こうした日本文化の特性を意識化することで、マイナス面を克服し、臨機応変に使い分けることも可能になります。

以上、日本文化の特色を二点だけ述べてみました。一つは、猛威を振るう自然をてなずけるために、自然物を神格化し、崇《あが》めることによって、自然と共生している文化であること。もう一つは、閉じられた社会で効率的に生きるために、自己主張を抑え、相手の立場を思いやったり、相手の立場に自分を同化させたりして、対立を避けようとする文化であること。いずれも、島国という環境に影響を受けていると思われる特性であり、日本人に代々受け継がれてきた文化です。

## アイデンティティを形成する

母語は、以上に述べたような民族固有の世界観や文化をつくり上げています。さらに重要なことは、それらを土台にして民族のアイデンティティがつくられていることです。

アイデンティティというのは、自分が特定の国や民族に帰属しているという意識（＝ナショナル・アイデンティティ）と、自分がその国や民族の一員として機能しているという自己肯定感（＝個人レベルのアイデンティティ）を意味しています。

たとえば、あなたが外国に行った時、「ああ、自分は日本人だなあ」と感じたりするのが、ナショナル・アイデンティティ。[20]「私は、しっかり自分の仕事をやって、社会の一員としての役割をきちんと果たしている」と感じたりするのが、個人レベルのアイデンティティ。

アイデンティティは、その民族固有の世界観や文化の伝統を包含《ほうがん》しているので、過去とのつながりや同胞《どうほう》とのつながりも感じさせ、本人に自信と誇りを与えてくれます。

言語学者のデイヴィッド・ハリソンさんは、次のような報告をしています。もはや消滅するしかない言語の最後の話し手について、「最後の話者たちの多くは、静かな自信を秘めてもいる。その自信は、古くからの伝統とつながっていることに由来する」[*21]と。

過去とつながっているという意識は、現在生きている人間に大きな安心感を与えてくれます。自分のルーツが担保されているからです。さらに、同じ母語を持つ同胞の存在は、自分は一人ではないという連帯感を与えてくれます。

だから、母語が何らかの原因で消失しかかると、自信や誇りを失いそうになります。

たとえば、シンガポール。シンガポールは、英語を公用語の一つと定め、英語教育に特化した言語政策をとって、目を見張るような経済発展を遂げた国です。

でも、その一方で、思わぬ事態に直面しています。コミュニケーションの道具にすぎないと思って導入した英語が、英語という言語が持つ文化的影響をもたらし、土着の民族の伝統や文化を駆逐し始めたというのです。[*22]

シンガポールの新聞「聯合早報《れんごうそうほう》」は報じています、「（シンガポールの人々は）誇りと自信を失って深刻なアイデンティティー・クライシスに直面している」[*23]と。また、地域学者の示村陽一さんも「シンガポールの国家としてのアイデンティティは何か、という根源的なアイデンティティ・クライシスに直面している」と指摘しています。[*24]

母語は、単なるコミュニケーションのツールではありません。アイデンティティを形成し、当人に自信と誇りを与えてくれる大切なものです。

興味深い報告を付け加えておきましょう。言語学者のナザレス・アルフレッドさんは、同化政策を施され、母語を失いつつある部族に、彼らの母語と文化を教えていますが、こう述べています、[*25]「伝統文化を教えられた若者はより深いつながりを感じて、怒りの感情や暴力性が薄まるんです」と。

古くから伝わる民族の言葉と文化に触れると、祖先とのつながりを感じ、同胞との連帯感が得られ、自信と誇りを取り戻すからでしょう。

（図2）兎と蛙の相撲か？　蛙に耳をとられて兎は劣勢。応援する兎たち。『鳥獣戯画』高山寺蔵便利堂複製本より。

## 創造力を醸成する

さらに、母語によって培われた世界観や文化は、新しいものを生み出す力になります。たとえば、日本のコミック（＝漫画）は、世界の若者たちを虜《とりこ》にするほど魅力的な存在です。とりわけストーリー性を持ったコミックは、日本が自家薬籠中《じかやくろうちゅう》のものとしています。

日本は、なぜそうした魅力的なコミック文化を創造できたのか？　それは、そのような文化を生み出す力を持った伝統があるからです。

日本人は、平安時代にすでにストーリー性のある絵巻物を描いています。それは、『鳥《ちょう》獣戯画《じゅうぎが》』。兎《うさぎ》、猿、狐《きつね》、蛙《かえる》などが登場し、水

（図3）口を開け、両手を広げて驚きの表情。『信貴山縁起絵巻』朝護孫子寺蔵。『日本絵巻大成4』（中央公論社）より。

浴びをしたり、弓の競い合いをしたり、相撲をとったり、追いかけっこをしたりして、ストーリーの展開を感じさせる優れた絵巻物です。図2は、相撲をとっているように見える場面。

さらに、同じ頃の『信《し》貴《ぎ》山《さん》縁《えん》起《ぎ》絵《え》巻《まき》』。坊さんへの布施《ふせ》を拒んだ大金持ちの蔵が、お布施を入れる鉢に持ち上げられて空を飛び、坊さんのところに飛んでいくというストーリーの絵巻です。

それを見た女たちは、図3に示したように、「あんれ、まあ」とびっくり仰天。口を大きく開け、両手を広げて驚きの表情をしています。ストーリーを絵巻に仕立てる伝統が日本にはあるのです。

江戸時代にはさらに庶民たちが楽しむ絵入りの草双紙《くさぞうし》が数多く刊行され、吹き出し（＝登場人物のセリフを囲んだ部分）に近いものも描かれ、コミックの下地ができあがってきています。明治時代になると、毛筆ではなく、外国のペン画の手法も取り入れ、コミックはますます充実。そして、現代になると、手塚治虫を筆頭にストーリー漫画が続々と生み出され、世界に羽ばたいていきます。

日本のコミックが欧米や中国のそれに比して躍動感と迫真性を持つのは、日本語に豊かに存在するオノマトペのお陰です。「ボキッ」と擬音語《ぎおんご》で場面に音を与え、「にちゃにちゃぐにょり」と擬態語で場面に感覚性を付与します。日本のコミックが他国に比べて抜群に魅力的なのは、オノマトペとタッグを組んでいるからです。

日本語と日本文化の伝統がなかったら、日本のコミックは世界中の人々を魅惑《みわく》することは不可能だったと思えます。[*26]

創造性は、長年培ってきた文化の伝統の上に花開くものです。母語は、世界に羽ばたくための底力になっています。

## 母語を守る

以上、母語の力を具体的に考えてきました。その結果、次のような重要な力を持っていることが明らかになりました。

①母語は、暴力を抑制する力を持つ
②母語は、後から学ぶ言語の基礎をつくる
③母語は、固有の世界観をつくる
④母語は、固有の文化をつくる
⑤母語は、アイデンティティを形成する
⑥母語は、創造力を醸成する

こんなに大切な力を持っているにもかかわらず、私たちは、普段、母語の力を意識することすらありません。母語は、単なる伝達の道具ではないのです。民族の血であると言っても過言ではありません。

なんの苦労の意識もなく自然に手にしているものが、実はかけがえのないものであったことに気づくのは、それが手元からなくなってしまった後です。日本語を失って初めて、その価値に気づくなどという愚かなことを私たちはしてはいけないのです。

未然にしっかりと、母語として日本語をつなぎとめておく決意と覚悟をする必要があります。母語を守るのは、人間の存在に必要欠くべからざる権利です。[*27]

世界共通語である英語は、母語を確保したうえで、効率よく学んでいく必要のある言語なのです。

# 第六章　日本語は、こういう言語(1)

――発音・文法・敬語――

## ここでのテーマ

日本語は、世界の言語の中に置いてみると、どんな特色を持った言語なのか？　これが、ここで明らかにしたいテーマです。自分たちの言語の性質を、広い海原の中でしっかりと見極めておくことこそ、日本語を残そうとする意思決定に重要な役割を果たします。

そこで、第六章と第七章を日本語の性質を知ることに捧《ささ》げたいと思います。第六章では、発音・文法・敬語に関する特色を述べ、第七章では、文字・文章・語彙に関する特色を述べることにします。

特色は、別の面から見れば、欠点になることもあります。それも、合わせて述べていくことにします。では、早速、発音・文法・敬語に関する日本語の特色の話。

## 発音に使う音素数が多くない

発音を考える時は、まず発音上の最小単位となる「音素《おんそ》」なるものを想定します。さもないと、さまざまな言語の発音を比較することができません。日本語だったら、平素は「かな」一文字に該当する「音節」を単位にして発音しています。たとえば、「か」/ka/とか、「さ」/sa/など。

でも、この「音節」は、さらに分解することができます。「か」/ka/なら、子音/k/と母音《ぼいん》/a/に。この分解した/k/や/a/が「音素」です。これ以上分解できない最小単位ですね。日本語では、この音素がどのくらいあるのでしょうか？

図1をご覧ください。「かな」で書いてあるのが、普段私たちが発音に使っている「音節」です。（ ）内に示したのが、その「音節」を「音素」に分解して表記しなおしたものです。すると、「音素」としては、（ア）母音/a/ /i/ /u/ /e/ /o/の五個、（イ）子音/k/ /s/ /t/ /n/ /h/ /m/ /j/ /r/ /w/ /g/ /z/ /d/ /b/ /p/の一四個、（ウ）特殊な音素である促音《そくおん》/Q/と撥音《はつおん》/N/と長音《ちょうおん》/R/の三個、が抽出できますね。

要は、（ ）内の音素表記に出てくる異なる音素を全部抜き出して、（ア）（イ）（ウ）に分類すればいいわけです。

（ウ）特殊な音素は、「一旦（いったん）」「三度（さんど）」「ゲーム」などに現れる促音

半濁音

| | | | | |
|---|---|---|---|---|
| ぱ(pa) | ぴ(pi) | ぷ(pu) | ぺ(pe) | ぽ(po) |

(5音)

濁音

| | | | |
|---|---|---|---|
| ば(ba) | だ(da) | ざ(za) | が(ga) |
| び(bi) | | じ(zi) | ぎ(gi) |
| ぶ(bu) | | ず(zu) | ぐ(gu) |
| べ(be) | で(de) | ぜ(ze) | げ(ge) |
| ぼ(bo) | ど(do) | ぞ(zo) | ご(go) |

(18音)

清音

| | | | | | | | | | |
|---|---|---|---|---|---|---|---|---|---|
| わ(wa) | ら(ra) | や(ja) | ま(ma) | は(ha) | な(na) | た(ta) | さ(sa) | か(ka) | あ(a) |
| | り(ri) | | み(mi) | ひ(hi) | に(ni) | ち(ti) | し(si) | き(ki) | い(i) |
| | る(ru) | ゆ(ju) | む(mu) | ふ(hu) | ぬ(nu) | つ(tu) | す(su) | く(ku) | う(u) |
| | れ(re) | | め(me) | へ(he) | ね(ne) | て(te) | せ(se) | け(ke) | え(e) |
| | ろ(ro) | よ(jo) | も(mo) | ほ(ho) | の(no) | と(to) | そ(so) | こ(ko) | お(o) |

(44音)

特殊音節

| | |
|---|---|
| 促音 | っ(Q) |
| 撥音 | ん(N) |
| 長音 | ー(R) |

(3音)

拗音

| | | | | | | | | | | |
|---|---|---|---|---|---|---|---|---|---|---|
| ぴゃ(pja) | びゃ(bja) | じゃ(zja) | ぎゃ(gja) | りゃ(rja) | みゃ(mja) | ひゃ(hja) | にゃ(nja) | ちゃ(tja) | しゃ(sja) | きゃ(kja) |
| ぴゅ(pju) | びゅ(bju) | じゅ(zju) | ぎゅ(gju) | りゅ(rju) | みゅ(mju) | ひゅ(hju) | にゅ(nju) | ちゅ(tju) | しゅ(sju) | きゅ(kju) |
| ぴょ(pjo) | びょ(bjo) | じょ(zjo) | ぎょ(gjo) | りょ(rjo) | みょ(mjo) | ひょ(hjo) | にょ(njo) | ちょ(tjo) | しょ(sjo) | きょ(kjo) |

(33音)

合計103音節

(図1)現代日本語の音節。

「っ」、撥音「ん」、長音「ー」です。この三つの音素は、他の音素と違って特殊な性格を持っています。単独で「音節」を作ってしまうからです。ですから、「特殊音節」と呼ばれることもあります。

つまり、日本語は、二二個の「音素」で成り立っているわけです。(ア)と(イ)と(ウ)の「音素」を合計すると、二二個。

ちなみに、英語ではどうでしょうか？　学説によって、日本語の場合よりも、もっと「音素」の数がまちまちです。というのは、「音素」が具体的な発音ではなく、概念上の発音の最小単位だからです。人によって、違う音素とみるか、同じ音素の変種にすぎないとみるかという見解の相違が生じ、結果として数が違ってくるのです。

英語の母音についても、さまざまな説がありますが、[*1]ここでは『言語学大辞典』に従って、/i/ /e/ /æ/ /ɔ/ /u/ /ʌ/ /ə/ /iː/ /ɑː/ /ɔː/ /uː/ /əː/ /ei/ /ou/ /ɑi/ /ɑu/ /ɔi/ /iə/ /eə/ の一九個としておきます。日本語の母音よりもはるかに多いですね。

日本人が苦手なのは、日本語にはない母音の発音です。英語の子音は、二四個。[*2]ですから、母音・子音の合計は、四三個となり、日本語よりは多い。

英語よりもさらに発音が難しいと言われているのは、スラブ語派の言語です。英語にない珍しい子音が多数あるからです[3]。ちなみにロシア語の音素数を数えてみると[4]、母音八個、子音三七個で、合計四五個。合計数は英語とあまり差がないのですが、口蓋化《こうがいか》した独特の子音が多く訓練が必要です。でも、上には上があり、アフリカ南西部で話されるクン語では、五〇個を超えるクリック音（＝舌打ち音）が区別され、一四〇個を超える音素を持ちます[5]。

一方、世界で一番音素数の少ない言語は、パプアニューギニアのブーゲンビル島中部で話されているロトカス語[6]とブラジルのアマゾナス州に住むピダハン族で話されているピダハン語[7]です。母音と子音を合わせても一〇個から一二個しかありません。

こうしてみると、日本語の音素数は、少ないほうのグループに入っていると推測できます。さらに、日本語は、音素を組み合わせて作る「音節」の構造が、シンプル極まりないのです。

## 母音で終わる

図1をもう一度眺めてください。そこに記されている「かな」が、日本語で使う全音

節です。わずか一〇三音節です。この一〇三音節の構造を「音素」の組み合わせからとらえると、次の四種類になります。

①「母音」だけの音節＝/a/ /i/ /u/ /e/ /o/ の五個。

②「子音＋母音」から成り立つ音節＝/ka/ /ki/ /ku/ ～ /pu/ /pe/ /po/ の清音《せいおん》・濁音《だくおん》・半濁音。合計六二個。

③「子音＋半母音＋母音」から成り立つ音節＝/kja/ /kju/ /kjo/ ～ /pja/ /pju/ /pjo/ の拗音。三三個。「半母音」というのは、ここでは、や行の頭音 /j/ のこと。子音でありながら、母音に近い性質を持つ音です。

④「子音」だけ、もしくは「母音」だけを持続させる音節＝/Q/（促音）・/N/（撥音）・/R/（長音）の三個の特殊音節。

この四種類をとくと眺めると、①と②と③に属する音節はすべて母音で終わっていますね。合計一〇〇個です。さらに、④に属する「長音」も、前の音節の末尾母音を持続させるだけですから、母音です。

とすると、④に属する「促音」と「撥音」だけが、母音で終わっていない例外的な音節となります。あとの一〇一個の音節は、すべて母音で終わっています。母音で終わることの多い言語を「開音節性《かいおんせっせい》の言語」と言っていますが、日本語は見事な開音節性の言語です。

## 遠くまで明瞭に響く

この母音で終わるという特色は、どんなことをもたらすでしょうか？　日本語を遠くまで届く、響きのよい言語に仕立て上げることです。母音と子音を比べると、母音の響きが子音よりはるかに大きいことが実験的にも確認されています[*8]。

それは、体感的にも分かります。図2をご覧ください。母音は、発音に使う肺からの呼気《こき》（＝吐き出す息）が、「声帯」を振動させた後、咽頭《いんとう》や口むろ（＝軟口蓋《なんこうがい》・硬口蓋《こうこうがい》・歯《は》茎《ぐき》・歯・舌）や唇で遮《さえぎ》られることなく発せられる音ですから、柔らかく遠くまでよく響きます。

/a/ /i/ /u/ /e/ /o/ の音を発してみてください。声帯を振動させて出した音が、どこにも遮られることなく外に向かって吐き出されますね。

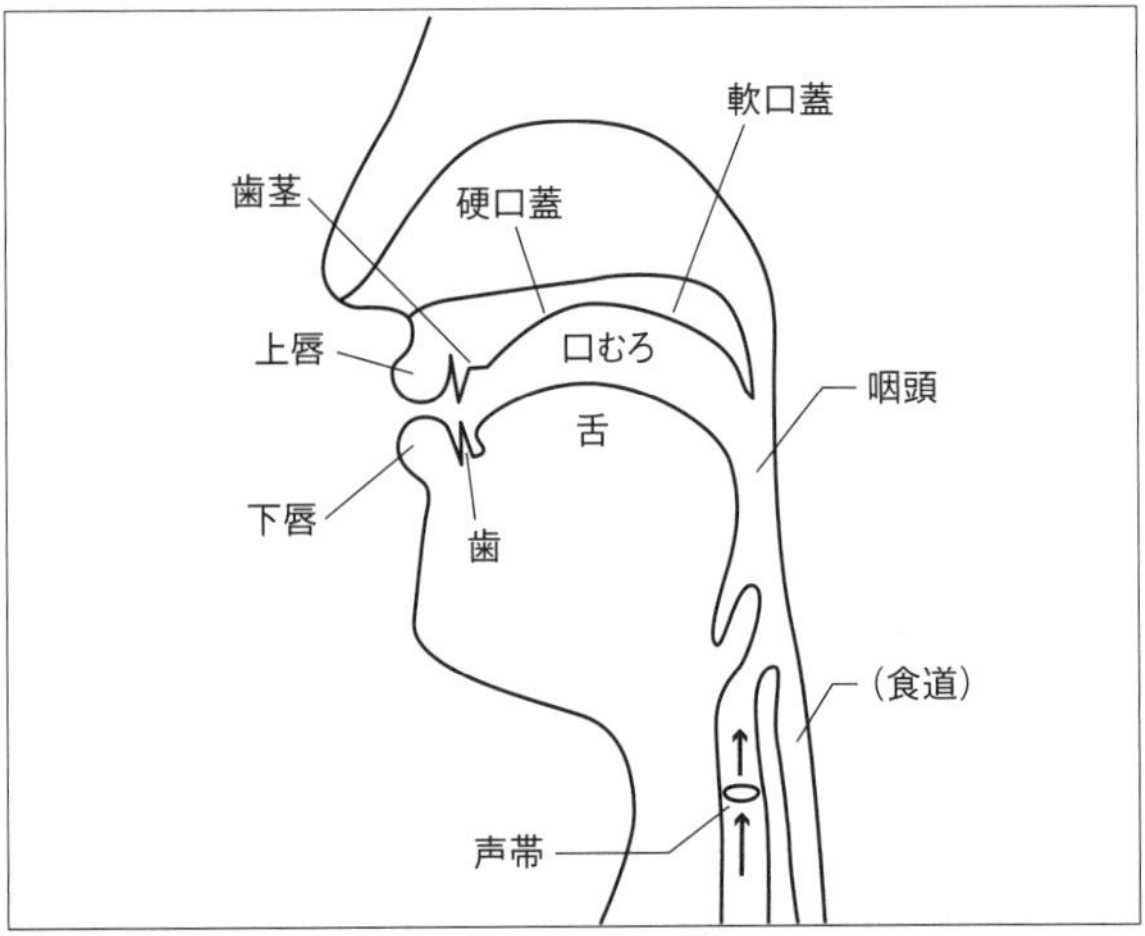

(図2)日本語を発する時に使う部位。

それに対して、子音は、咽頭や口むろや唇で呼気が遮られるので、「母音」ほど響かない。たとえば、/ka/ の子音 /k/ だけを発してみてください。「えっ、/k/ だけなんか発音できない」と思われた方もいらっしゃるでしょう。当然の反応です。

日本語では、子音は常に母音とペアになって一つの音を作っているので、「子音だけ発音して」と言われると面食らうのです。それほど、母音との結合力が強い言語なのです。イタリア語やスペイン語なども、「母音」で終わることの多い言語ですが、日本語ほど徹底していません。

さて、英語の発音を思い出したりして、

頑張って /k/ の子音だけを発音してみると、肺から上がってきた息が軟口蓋にぶち当たって遮られ、鋭く小さな音にしかならないことが分かります。まったく響かない音です。日本語のほとんどの音節は、「母音」で終わっています。日本語が響きのよい言語である理由がお分かりいただけたと思います。

一二か国語を操るピーター・フランクルさんも、日本語の美しい響きをこよなく愛しています。[*9] とりわけ母音で終わる音節の多い和語の響きを絶賛しています。

## CV構造をとる

さて、一七七頁の①から④までの音節の構造をもう一度眺めてください。②の「子音＋母音」の組み合わせからなる音節は六二個もあり、四種類中最多です。

また、③の「子音＋半母音＋母音」の拗音三三個も、真ん中の「半母音」が前の子音にくっついて発音され子音化しています。たとえば、「きゃ」/kja/ を発音してみると、/kj/ で一つの子音のように感じられ、それに母音 /a/ が付いていると思えます。つまり、拗音三三個も大きくとらえると、「子音＋母音」の構造をしているとみることができます。

とすると、現代日本語の②の音節六二個と、③の音節三三個を合わせた九五個の音節は、「子音＋母音」からできていると考えてもいいことになります。こういう構造を「子音（consonant）」「母音（vowel）」の頭文字をとって、「ＣＶ構造」と呼んでいます。

こうした音節が連なって語になると、/CVCVCV…/ のようになります。たとえば、「くるま」/kuruma/ という語なら /CVCVCV/ ですね。

日本語は、時代を遡ると、現代よりもさらにＣＶ構造が徹底した言語です。その証拠に、奈良時代では母音だけの音節が語中語尾に来ることはありません。ＣＶ構造が崩れてしまいますからね。

たとえば、現在では、平気で「書いて」/kaite/ などと語中に母音を入れています。すると、/CVVCV/ となって、ＣＶ構造が壊れていますね。語中語尾に母音を入れてもさほど咎《とが》めなくなったのは、平安時代以後です。奈良時代ではＣＶ構造が徹底しています。「書いて」は、奈良時代では「書きて」/kakite/。きちんと /CVCVCV/ です。

また、奈良時代では、語中語尾で母音が連続しそうになると、一つの母音を落としたり、二つの母音を融合させて一つにしたりして、ＣＶ構造を固く守っています。

たとえば、「明石」。現在でも、奈良時代の発音を継承して「アカシ」と発音していますが、「アカイシ」からできた語です。「アカイシ」/akaisi/ のように、/ai/ と母音が二つ続く箇所で、/i/ を脱落させて「アカシ」/akasi/ という発音にしてＣＶ構造を守ったわけです。

あるいは、「高市」。奈良時代では、「タカイチ」/takaiti/ ではなく、「タケチ」/taketi/ と発音します。/ai/ と母音が二個連続している箇所を一つの母音 /e/ に融合して、「タケチ」/CVCVCV/ にしたのです。万葉歌人の「高市黒人《たけちのくろひと》」の「高市」を「タケチ」と読まなくてはならないのは、そのためです。

こんなふうに、日本語は時代を遡ると、現代よりももっとＣＶ構造を厳守していました。

## 等時間リズムを刻む

また、日本語が、ＣＶ構造の言語であるということは、規則的な等時間リズムを形成しやすいということです。「さくら」という言葉があれば、/sa/ /ku/ /ra/ というぐあいに、一音節を等時間単位で発音する。すると、タンタンタンという「拍」ができる。一拍は、常に等時間です。

ほとんどの音節が /CV/ で一拍を形成していきますから、仲間外れの子音だけの促音「っ」も、撥音「ん」も、それに合わせて持続時間をとり、一拍を形成します。「立って」「住んで」という促音や撥音の入った言葉でも、/ta/ /t/ /te/、/su/ /n/ /de/ というぐあいに三拍で発音していますね。こうした特徴を踏まえて、日本語を「拍」言語と言う時もあります。

タンタンタンタン…と等時間リズムを刻むということは、単語を発音する時のアクセントにも影響を及ぼします。アクセントには、音節ごとに高く発音するか低く発音するかが決まっている高低アクセントと、音節ごとに強く発音するか弱く発音するかが決まっている強弱アクセントの二種類があります。

日本語のように、等時間リズムを刻む場合には、もはや、高低アクセントしかとれません。強弱アクセントは、どこかの音節を強くしたり、弱くしたりします。それは、音節の発音時間の長短を引き起こします。強いアクセントは長く、弱いアクセントは短くなりがちだからです。それに対して、高低アクセントは、ある音節を高く発音したり低く発音したりするだけなので、等時間リズムと共存することができます。

## 日本語独自の文芸を生み出す

日本語のかなり徹底したＣＶ構造は、第一に、音節の切れ目を明確に示します。「母音Ｖ」が来たら、音節は切れる。「子音Ｃ」が来たら新しい別の音節になる。切れ目をはっきり示します。だから、音節数も数えやすい。昔からＣＶ構造の日本語に親しんできた日本人は、平安時代以後、語中語尾に母音だけの音節が来ても、それを一音と数えることに違和感はありません。

第二に、ＣＶ構造は、等時間リズムを形成しています。音節が数えやすくて等時間リズムを刻んでいたら、必然的に誕生してくるのが、和歌や俳句という短詩の文学です。「ふるいけや　かはづとびこむ　みづのおと」と、誰でも、五音・七音・五音と数えたてることができ、等時間リズムで口にすることができます。

さらに「たけやぶやけた」などと、上から読んでも下から読んでも同じになるという回文遊びができるのも、音節の切れ目が明確で、等時間リズムを刻んでいるからです。また、第三に高低アクセントをとらざるを得ない言語ですから、メロディを作りやすい。音読すると、音楽に近い心地よさを醸し出すことができます。平安時代に『源氏物語』が音読されて享受《きょうじゅ》されたという説がありますが[*10]、十分考えられることです。

さらに、鎌倉時代になると、『平家物語』などの語り物が誕生しますが、日本語の音節が、母音で終わる、CV構造をとる、という二つの特質から必然的に生まれてくる文芸形態です。

母音で終わる音節は、遠くまでよく響く。しかも、等時間リズムなので聞き取りやすい。そのうえ高低アクセントなので、メロディを奏《かな》でやすい。こうした発音上の特質が、叙事的な物語を口で語って聞かせる口誦《こうしょう》芸能を生み出しています。幸若《こうわか》、説経節《せっきょうぶし》、浄瑠《じょうる》璃《り》、浪花節《なにわぶし》など、代々語り物の系譜が根づいているのは、日本語だからこそなのです。

日本語の発音は、日本独自の文学や芸能を誕生させています。

## ちなみに英語の発音は

ここで、ちょっとだけ世界の共通語になっている英語の発音に目配りをしておきましょう。英語では、発音の単位になっている音節は、日本語とは比較にならないほど数が多い。/CVC/（例 cat）のような単純なものから始まり、/CVCC/（例 desk）、/CVCCC/（例 midst）など、「母音V」を中心にして前後に一つから三つまで「子音C」を持ったものが無数に存在し、それが発音の単位の「音節」になっています。

実際に英語に現れる音節は、三二〇三個だと報告されています。[*11] 日本語の音節数の三〇倍です。桁違いに音節数が多いのですが、英語では、日本語と違って、一音節からなる単語が多く、それを含みこんでいるので、膨大な数になっています。[*12]

さて、英語の音節は、日本語の音節と大きく違って、たいてい子音で始まり子音で終わっています。だから、日本語のCV構造に対して、CVC構造と言ってもよいでしょう。むろん、Vの前後のCは、日本語のCと違って二つから三つの子音が連なった子音群になっていることが多いので、あくまで大きくとらえた時の構造です。

CVC構造では、音節が/CVCCCVC/と続きます。すると、切れ目でもCの子音群が互いに接しているので、音節の切れ目が不明確にならざるを得ません。のみならず、音節の切れ目の判断が人によって異なることもあります。だから、音節数を数えることは難しい。

また、CVC構造では、音節が等時間リズムを刻みません。それぞれの母音を中心とした音節が、長かったり短かったりするからです。この長短に対応できるのは、「強弱アクセント」です。

こんなふうに、英語の発音は、日本語と正反対の性質を持っています。だから、日本人が英語の発音をものにするには、かなりの時間がかかることを心しなければなりません。でも、言いたい内容を通じさせることが一番大切と考えれば、日本語訛りの英語でもいいではありませんか。

## 最も多数派に属する語順

次は、文法的な側面に焦点を当てましょう。注目するのは、文を作る時の主語・目的語・述語の順序です。

日本語であれば、「私がおかずを作る」という語順で述べます。「私が」が主語、「おかずを」が目的語、「作る」が述語ですから、「主語＋目的語＋述語」の順で述べていることになります。この三つの要素で最も大事なものはどれでしょうか？　述語です。主語や目的語は省略できますが、述語を省略することはできません。

主語を略して「おかずを作る」は文として成り立つし、目的語を略して「私が作る」も、文として成り立ちます。でも、述語を省略して「私がおかずを」は、文として成り立ちません。「どうする」という述語がないと、文は完結しないのです。

こうして、述語が文の成立には欠かすことのできない、最も重要な要素であることが分かります。

日本語は、「主語＋目的語＋述語」の語順ですから、一番大事な「述語」を最後に持ってきている言語です。では、英語は？

最も耳にすることの多い「I love you」を思い出しても、「主語＋述語＋目的語」の語順で、大事な述語「love」は、早々と述べられています。中国語は？

「I love you」と同じ内容を中国語で言うと、「我愛你」です。やはり、述語「愛」は主語の次に述べられ、「主語＋述語＋目的語」の順です。

とすると、日本語の語順は少数派なのではないかと一瞬不安になります。日本人は、私を含めて、みんなと同じだとほっとする傾向があるからです。

どうか、ご安心ください。世界の言語を調べてみると、日本語と同じく大事な述語を最後に持ってくる「主語＋目的語＋述語」の語順の言語が最も多いことが明らかにされています。[13]朝鮮語をはじめ、モンゴル語、トルコ語、ペルシア語、ヒンディー語、タミル語、チベット語、ビルマ語、ケチュア語、ホピ語、エスキモー語など、多くの言語が日本語と同じ語順です。

言語学者の角田《つのだ》太《た》作《さく》さんは、世界の言語から一三〇の言語をピックアップして語順調査表を作成しています。それによれば、五七言語が日本語と同じ「主語＋目的語＋述語」の語順であったことを明らかにしています。四四％にあたります。[14]

英語・中国語と同じ語順の言語は、五一言語で、三九％であると報告しています。日本語と同じ語順の「主語＋目的語＋述語」、英語と同じ語順の「主語＋述語＋目的語」を合わせると、八三％になります。この二つの語順で、世界の言語の大半が占められていることが分かります。

では、その他の論理的に考えられる語順はどうなっているのでしょうか？　結論を先に言うと、論理的に考えられる残りの四つのパターンは合わせて一七％にしかなりませんが、どれも実在しています。

まず、日本語と同じく述語が最後に来ても、目的語のほうを先頭にする「目的語＋主語＋述語」の語順の言語は、とても少ないけれど、存在します。北コーカサス地方のカバルド語やブラジルのウルブー語が、それです[*15]。

英語と同じく述語を真ん中にしますが、目的語を先頭にする「目的語＋述語＋主語」の語順の言語も極めてまれですが、存在する。ペルーのアマゾン川流域のジャングルに住む民族のウラリナ語[*16]、ブラジルのヒシカリャナ語です[*17]。

述語を真っ先に述べる言語もあります。「述語＋主語＋目的語」の語順の言語は、ウェールズ語、アイルランド語、マオリ語など。「述語＋目的語＋主語」の語順の言語も、珍しいが実在します。マダガスカル語、チョルティ語、ピピル語（ナワト語とも）など。

こうして、日本語の「主語＋目的語＋述語」の語順は、珍しいどころか最もよく見られることが明らかになります。では、日本語の特色はどこにあるのでしょうか？

## 大事なものが後に来る言語

文の成立になくてはならない述語を最後に持ってくるということは、大事なものは常に後ろに配置するという性質があるのではないかと思わせます。そこで、修飾語と修飾される語の位置関係に注目してみます。

先ほど例にあげた「おかず」にさまざまな修飾語を付けてみます。「おいしいおかず」「よだれの出そうなおかず」「いろとりどりのおかず」「昨日食べたおかず」「母がよく作ってくれたレモン入りのさわやか味のおかず」……。どんなに長い修飾語を付けようとも、修飾されている「おかず」より前に来ています。

ところで、修飾語と修飾される語とを比べると、どちらがより重要ですか？　修飾される語「おかず」ですね。「おかず」がないと、文は成立しません。それに対して、修飾語は飾りなので、とりさっても文の成立に影響を与えません。

日本語ではいついかなる場合でも、大事な修飾される語のほうが、修飾語より後に来ます。つまり、修飾語と修飾される語との関係でも、大事な修飾される語が後ろに来るというシステムを守っていることが分かります。

日本語と同じく「主語＋目的語＋述語」の語順をとる言語のうち、大事な修飾される語を修飾語より後に置くという原則を貫いている言語は、どのくらいあるでしょうか？

角田太作さんの作成した一三〇言語の語順表[*18]から「主語＋目的語＋述語」の語順をとる五七言語に注目して、修飾語と修飾される語との位置関係を調べてみました。すると、日本語と同じく大事な修飾される語が修飾語より後に来るという原則に従っている言語は、わずか六言語。約一割です。朝鮮語、エベンキ語、トルコ語、アバル語、ティグリニャ語、ニブフ語です。これらの言語のみが、日本語と同じく、大事な修飾される語を後置するという原則を貫いているのです。残りの九割の言語は、大事な修飾される語が前に来ることもあり一貫していません。

ですから、大事なものほど後ろに配置するという一貫した原則を貫くのは、日本語をはじめとする限られた言語の特色であることが分かります。つまり、日本語の特色としてもいいものです。

さらに、日本語では末尾の述語に、動作がすでに完了しているかどうか、過去・現在・未来のいずれの時になされたのかを示す機能も持たせています。日本語は、文末の決定権が極めて大きい言語なのです。

## 最後まで耳を傾けさせる

さて、この原則を貫く日本語の文は、一体何をもたらすでしょうか？ 聞き手に最後まで聞いていることを強制する力です。文末まで聞かなければ、話し手の言いたいことが分からないのです。

「その案はなかなか面白いので採用したいと思いますが、諸般の事情を勘案《かんあん》して見送りましょう。」などと言われる。文の途中までは喜んでいても、最後になってダメなことが分かる。最後まで聞かないと、相手の言いたいことが分からない。

また、勢い込んで文も切らずに長々と話され、現在の話かと思って聞いていると、最後に「だったのよ。」と言われて、「なあんだ、過去の話だったのか」と文末で初めて知る。最も大切な述語が最後にあるから、話の向かっていく方向がつかみにくいのです。

「どっちに行くのだろう？」と頭の中を疑問符でいっぱいにしながら話を聞いています。長々しい修飾語があると、聞き手は「何のこと？」と思いながら、修飾される語が出てくるのを、耳を澄まして待ちます。

こんなふうに、聞き手に最後まで聞くことを強制する力を持つ言語、それが日本語なのです。相手の話をよく聞くという態度が要求されるのは、こうした日本語の仕組みにもよっているわけです。

## 述語まではっきりと言う必要

ところが、この日本語の文の特色をマイナスにしかねない日本文化が絡んでくることがあります。日本文化は、断定的に言い切るのを嫌う文化です。断定しないところに、ゆかしさや思いやりを感じる文化です。この文化の中では、最後まで耳を傾けさせる力を持つ日本語文の特色が台無しになることが多い。

私がこのことを痛感したのは、大学時代のことです。内容の濃いすばらしい講義をしてくださる教授がいました。興味深い内容なので、一文一文しっかりと耳を澄ませて聞いていました。ところが、この教授は、最後の述語をはっきりと聞こえるように発音しないという日本人独特の語り方をなさる。だから、長々と述べられた、その前の部分が肯定されたのか否定されたのか分からないのです。

せっかく集中力を発揮して最後まで聞いているのに、「である」のか「でない」のかが分からない。私は、その聞き取れなかった文末の述語をノートで空欄のままにしておき、後で読み返して、文脈上、ここは肯定だな、こちらは否定だなと判断して新たに書き入れていました。でも、どうしても判断のつかないこともありました。ともかく、最後の述語をはっきりと発音してもらわないと、聞き手にとってこんなに苦しいことはありません。

また、文末まで来て「〜かなあ。」と内容全体をぼかされると、一生懸命聞いていた人間はがっかりします。

国際社会で、日本人は、言いたいことがよく分からないと批判されることが多いけれど、最も重要な述語をはっきり発音しないことや、内容全体をぼかす文末を付けることに原因があります。最後の述語まで明快に言うことを嫌う日本文化も、国際的な場面に限ってはどうしても改善しなくてはなりません。

さまざまな人間のいる国際社会では、自分の考えていることを明確に相手に伝えることこそ、相手に負担をかけない親切な行為なのです。

## 敬意を表す専用の言語形式がある

日本語には敬語表現があって、面倒くさいなあと思っている方もいらっしゃるでしょう。でも、実は、どんな言語でも、婉曲《えんきょく》表現や丁寧な呼称表現を使うことによって、相手に敬意を表すことは行なっています。

日本語の場合は、敬意を表すための専用の言語形式があることが特色なのです。ですが、敬語専用の言語形式のある言語は、日本語だけではありません。朝鮮語、チベット語、ジャワ語、スンダ語、ヒンディー語、ベンガル語、チェコ語、ケチュア語、ナワトル語、トルコ語、ペルシア語なども専用の言語形式を持っています。*19

ということは、日本語は敬語があるから厄介だと思うのは、ちょっと違う。敬語専用の言語形式のある言語が少なからず存在するということは、敬語が効果的な側面を持っている証だからです。

## 専用の言語形式とは

日本語における敬語の言語形式を、ここで簡単に押さえておくことにしましょう。外国語との比較も必要なので、最も分かりやすいとらえ方にします。述語に現れる敬語専用の言語形式としては次の三種です。第一は尊敬語、第二は謙譲語、第三は丁寧語です。

尊敬語は、相手や話題の人物の行為に付ける尊敬表現です。たとえば、「いつ、いらっしゃいましたか？」などと、相手の「行く」という行為を「いらっしゃる」という尊敬語を使って表す場合ですね。「おっしゃる」「召し上がる」「なさる」などの特別な動詞を使うこともありますが、大抵は「お～になる」という言語形式にあてはめれば、尊敬表現になります。「お帰りになる」「お歩きになる」「お休みになる」などと。

謙譲語は、自分の行為や自分の側に属する人物の行為に付けるへりくだった表現です。自分や自分側の人間の行為を低めることによって、結果として相手を高める敬語表現です。「母が先生に申し上げることになっています。」と、自分側に属する母の「言う」行為を「申し上げる」という謙譲語を使って表す場合です。

その他、「さしあげる」「伺う」「存ずる」などの特別な動詞を使って表現することもありますが、大抵は「お〜する」という言語形式にすれば、謙譲表現になります。「お待ちする」「お持ちする」「お送りする」などと。現在よく使われる「させていただく」を動詞に付けるのも謙譲表現の一種です。

丁寧語というのは、「これから病院に行きます。」のように聞き手に対する丁寧な物言いです。「です」「ます」「ございます」を末尾に付ければ、丁寧語になります。丁寧語だけは、尊敬語や謙譲語とは違って、もっぱら聞き手に対する敬語表現です。

## 絶対敬語と相対敬語

このような日本語の敬語表現に最も似ているのは、朝鮮語です。日本語と同じく、尊敬語・謙譲語・丁寧語の三種類があります。でも、朝鮮語の尊敬語と謙譲語は、聞き手に配慮することなく、いつも一定の敬語を使う「絶対敬語」です。それに対して、日本語の敬語表現は、聞き手に配慮して変化する「相対敬語」であることに特色があります。

たとえば、朝鮮語では、相手や話題の人物が自分より目上であれば、どんなに打ち解けた場面でも、また本人がその場にいなくても、常に尊敬語を用います。「お父さまはお出かけになっています。」のように。

両親や恩師、上位者に対しては、いかなる時でも尊敬語を使うと決まっています。[20]「絶対敬語」と呼ばれる所以《ゆえん》です。日本語であれば、聞き手に配慮して「父は出かけております。」と謙譲語で表現します。

また、社外から電話を受けた時、朝鮮語であれば、受付係は「社長さまは、ただいま外出なさっていらっしゃいます。」といった応答をするでしょう。それに対して、日本語の場合は、社外から電話を受けると、受付係は「社長は、ただいま外出しております。」と、社長の行為なのに「おります」と謙譲語で答えます。組織の中では、社長を身内ととらえるので、尊敬語ではなく謙譲語を使わなければなりません。

一方、その受付係は、社内では「社長さんは、今外出なさっていますよ。」と、今度は社長の行為を尊敬語で話します。

同じ社長の行為でも、聞き手に配慮して随時敬語を変化させて使用しています。だから「相対敬語」なのです。相対敬語は、すでに平安時代に用例が見られ、長い歴史を持っています。*[21]

敬語表現が豊かで注目されているジャワ語やスンダ語も、*[22]朝鮮語と同じく「絶対敬語」です。*[23]そのほか、チベット語やヒンディー語、ベンガル語なども「絶対敬語」のようです。*[24]とすると、相対敬語は、日本語の特色としてもいいわけです。

## 自在に操れる親疎関係

日本の相対敬語は、一体どんな特性を持っているのでしょうか？　敬語を使って、自分の思いのままに相手との間に心理的な距離をとれることです。

初対面の人や疎遠な人に会う時には、最大限敬語を使って心理的な距離をとります。「はじめまして。山口仲美と申します。このたびはお招きくださいまして恐縮でございます。」と挨拶をします。「申す」という謙譲語を使い、「お招きくださる」という尊敬語を使い、「ございます」という丁寧語を付けます。

あるいは、しばらく会っていない同級生と道でばったり出会ったりした時も、心理的距離があるので敬語を頻用《ひんよう》します。やがて、打ち解けて相手との距離が縮まると、「です」「ます」の丁寧語だけの会話になり、さらに打ち解けていくと、丁寧語もとって「そうなの。知らなかったなあ。」とタメ口になっていく。

「絶対敬語」では、こうした自在な運用はできません。常に同一人物には同じ敬語表現を使い続けるので、両者の関係は一定です。

相対敬語では、相手との距離を縮めたり広げたりすることが可能なので、夫婦喧嘩《げんか》の時にも活用されたりします。平素はタメ口だった妻が、にわかに夫に対して「お好きになさったら」と尊敬語を使って心理的距離をとり、夫を突き放して無視するといった運用です。悪口雑言を浴びせるよりは、はるかに効果的です。

でも、自在であることは、リスクもあります。それは、相手との距離を測《はか》り損ねた時。その時の苦い経験は、誰しも思いあたることがあるでしょう。

## 日本語の特色―発音・文法・敬語―

以上、発音、文法、敬語についての日本語の特色を述べてきました。日本語の発音は極めてシンプルでマスターしやすい。わずか一〇三音節の発音を覚えれば、日本語が話せます。これは、日本語を学ぶ外国人には大きな福音《ふくいん》です。

さらに、発音の単位になっている音節は、常に母音で終わり、遠くまでよく響く。また、CV構造をとっているので、音節の切れ目が明快で、音節数が数えられる。そして、等時間リズムを刻み、高低アクセントである。これらの日本語の発音の性質が、和歌や俳句、語り物といった日本独自の文学や芸能を生み出す源《みなもと》になっていました。

また、日本語の文は、大事なものを後ろに配置するという原則を貫くことに特色がありました。最も大事な述語は、主語や目的語や修飾語よりも後に来て、強い文末決定権を持っています。だから、文末まで明瞭に言い切り、発音することが求められています。

敬語に関しては、相対敬語であることに日本語の特色があり、心理的距離を自在に操ることができる性質を持っています。日本語って、なかなか面白い言語なのです。

では、文字や文章や語彙はどうでしょうか？　第七章に続きます。

第七章

# 日本語は、こういう言語(2)

## ——文字・文章・語彙——

## ここでのテーマ

日本語の文字・文章・語彙は、世界の言語の中に置いてみると、どんな特色を持っているのでしょうか？　それを述べるのがこの章の目的です。では、さっそく文字の話から。

## 漢字とひらがな・カタカナを使う国

世界には、たくさんの文字があります。もはや使われなくなった文字も含めると、三〇〇種類くらいと考えればよさそうです。[*1] 現在、日本語で使っている文字は、漢字とひらがなとカタカナの三種類。漢字は、発音と意味を表す表語文字（表意文字とも）です。一方、ひらがなとカタカナは発音だけを表す表音文字です。

大抵の言語の文字は、表語文字か表音文字かのいずれかに属しています。でも、日本語は、表語文字である漢字と表音文字であるひらがな・カタカナという、性質の異なる文字を一緒に使っている珍しい言語です。[*2]

昔に思いをはせれば、シュメール文字、エジプト文字、そしてヒッタイト文字が表語文字と表音文字を合わせ使用していたと言えますが[*3]、現在では、日本語だけです。この点で、日本語は希少価値を持っています。

さらに、ひらがなとカタカナは、世界をくまなく探しても、日本語だけで使われている独自の文字です。また、漢字は紀元前一五〇〇年頃に中国で発生した文字を日本語が借用したものですが、中国の漢字と日本の漢字は、ちょっと性質が異なっています。

どんな違いがあるのでしょうか？

## 日本語を表すための改造

どこの国でも、最初は話し言葉だけの社会です。日本も同じです。でも、七世紀半ばに大化の改新を断行し、政治体制を整えていくと、日本人は自ら文書を作成していく必要に迫られました。そこで、それまでに親しんできた中国の漢字を借りて日本語を書き表そうとしたのです。ところが、漢字は、中国語を表すための文字です。どうして日本語を表すことができるのでしょうか？

日本人は、中国の漢字に、新たな機能を追加して、日本語を表すための文字に改造したのです。どんな機能を追加したのでしょうか？　漢字は、表語文字ですから、語の発音と同時に意味を表します。この意味を表すことに注目して改造したのです。中国語と同じ意味を持つ日本語で言い換えれば、日本語で使えるようになることに気づいたのです。

たとえば、「山」という漢字に対しては、中国からの音《おん》「サン」という読みと意味を継承するとともに、日本語での意味に該当する「やま」という訓《くん》読みも与える。すると、「山」という漢字は、日本語の「やま」という言葉も表せるようになりますね。つまり、漢字に、意味を媒介にした日本語での読みを追加することによって、日本語を表すための文字に改造したのです。

ですから、日本で使っている漢字の大部分は、中国からの音読みと日本独自の訓読みの二つの読みを持っています。漢字に訓読みの機能を追加したおかげで、日本古来の和語も次々に漢字で表せるようになり、さらに漢字を組み合わせた和製漢語（たとえば、敷《しき》金《きん》・縁組《えんぐみ》）も生み出せるようになったのです。

ちなみに、自国の言葉を表せるような機能を追加して漢字を受け入れたのは、日本だけです。ベトナムや朝鮮半島も漢字文化圏に入っていましたが、漢字に自国の言葉を表す機能を追加したりしていません[*4]。つまり、「山」という漢字に、日本語のように「やま」という自国の言葉をあてはめた読みを与えることはなかったのです。漢字は、あくまで中国語の文字なのです。

だから、漢字と決別することも、彼らにはそんなに難しいことではありませんでした。現在、ベトナムではローマ字を使っていますし、韓国・北朝鮮は、一五世紀中頃、自国で考案したハングルを使っています。

日本語では、中国の漢字に日本語を表す機能を追加するという改造を施して受け入れたために、漢字は日本語の骨格にまで入り込んでいます。ちょっとやそっとのことでは漢字と袂《たもと》を分かつことはできません。

そのかわり、日本人は漢字と徹底的に付き合うことによって、日本独自のひらがなやカタカナまで、生み出していきます。一体、どのようにして、漢字からひらがなやカタカナを生み出したのでしょうか？

## 万葉仮名を生み出す

日本語を書き表すために、ひとまず漢字をてなずけたのですが、漢字だけではどうにもならないことが起きてきました。日本語にだけある助詞（＝語と語との関係を示したりする語。たとえば「私が」の「が」）、助動詞（＝動作や状態を表す語に付いて意味的な限定を加える語。たとえば「行かせる」の「せる」）、活用語尾（＝文中での意味に応じて変化する部分。たとえば「行かせる」の「か」）が表せないのです。

さらに、中国語にはない日本固有の事物や姓名がうまく表せない。日本特有の和歌や歌謡も、一音一音が大切なのに、漢字では思い通りに読んでもらえない。どうしたら、これらの問題を解決できるのか？

日本語の発音を一音ずつ忠実に写せる文字があればいいのです。そうだ、漢字の意味を捨てて、漢字の音だけを使って日本独自の語を一字一音で表せばいい！　またまた漢字の改造です。今度は、漢字の機能のうち、意味を捨てるという改造です。表語文字である漢字を、表音文字にして使おうという計画です。ここに、漢字から脱却した日本独自の文字である万葉仮名が誕生します。七世紀後半のことです。[*5]

万葉仮名の字の形は、まだ漢字のままです。たとえば、「可波」と書いて、「かは（＝川）」と読ませる。「可」という漢字の意味「よろしい」とは無関係、「波」という漢字の意味「なみ」とは無関係。ひたすら、それぞれの漢字の音「か」と「は」を使っています。

訓読みを使うこともあります。「三三」と書いて、「みみ（＝耳）」と読ませる。数字の「一二三《ひいふうみい》」の「三」の意味とは無関係です。これらが、万葉仮名です。万葉仮名は、一字一音が基本です。これだったら、思う通りに日本語が表せそうです。

ところが、万葉仮名も、やはり不便。まずは、字形が漢字と同じなので、漢字と区別がつきにくく読み取りにくい。「奈具佐牟留心波奈之尓」は、『万葉集』の巻五にある八九八番の歌の最初の部分です。どれが漢字で、どれが万葉仮名でしょうか？

正解は、「心」だけが漢字で、あとはすべて万葉仮名です。「なぐさむる心《こころ》はなしに（＝気が晴れることはいっこうになくて）」と書いてあったのです。漢字と万葉仮名の区別は、ほとんどできなかったでしょう？　同じ字形を、漢字として読んだり万葉仮名として読んだりして読み分けるのは、かなり苦しい。

また、万葉仮名は、一音を表すのに画数の多い漢字を書かなくてはならないので、時間がかかり、効率が悪いですね。またまた解決すべき問題が現れました。解決法は？

## ひらがなの誕生

万葉仮名全体を続け書きして草書体《そうしょたい》のように書いていけば、漢字と字形も異なるし、短時間で書けます。たとえば、さっきの『万葉集』の歌の最初の字「奈」は、続け書きして草書体化して「な」にする。七字目にある「波」は、続け書きして「は」にする。こうして、ひらがなが手紙や文書や和歌を書き記す場から誕生してきました。九世紀中頃のことです。

また、後に述べる漢文訓読の場からも、誕生しています。つまり、ひらがなの発生源は二つあります。

図1をご覧ください。万葉仮名からひらがなが生まれる過程を「あいうえお」を例にして示しておきました。ひらがなは、万葉仮名という文字全体を一つの連続体としてとらえたところに誕生してくる文字です。

もともとは一つの音を表すのに複数のひらがながありましたが、一九〇〇年の「小学校令」によって、一音に対し、一つの仮名と決められ、現代に至っています。

図2には、現在のひらがなのもとになった万葉仮名を記しておきました。（　）の中に示した万葉仮名を続け書きして草書体化していくと、現在のひらがなに連なることが分かると思います。

（図1）万葉仮名から、ひらがなが生まれる。

| | | | | |
|---|---|---|---|---|
| あ(安) | い(以) | う(宇) | え(衣) | お(於) |
| か(加) | き(幾) | く(久) | け(計) | こ(己) |
| さ(左) | し(之) | す(寸) | せ(世) | そ(曽) |
| た(太) | ち(知) | つ(川) | て(天) | と(止) |
| な(奈) | に(仁) | ぬ(奴) | ね(祢) | の(乃) |
| は(波) | ひ(比) | ふ(不) | へ(部) | ほ(保) |
| ま(末) | み(美) | む(武) | め(女) | も(毛) |
| や(也) | | ゆ(由) | | よ(与) |
| ら(良) | り(利) | る(留) | れ(礼) | ろ(呂) |
| わ(和) | ゐ(為) | | ゑ(恵) | を(遠) |

（図2）ひらがなのもとになった万葉仮名。

## カタカナの誕生

万葉仮名の不便さを解消する方法は、もう一つあります。万葉仮名の一部分をとって文字にしてしまう方法です。この場合は、ひらがなと違って、文字というものは一点一画の組み合わせで成り立っているから、その

| 阿 | 伊 | 宇 | 江 | 於 |
|---|---|---|---|---|
| ↓ | ↓ | ↓ | ↓ | ↓ |
| ア | イ | ウ | エ | オ |

（図3）万葉仮名からカタカナが生まれる。

| | | | | |
|---|---|---|---|---|
| ア(阿) | イ(伊) | ウ(宇) | エ(江) | オ(於) |
| カ(加) | キ(幾) | ク(久) | ケ(介) | コ(己) |
| サ(散) | シ(之) | ス(須) | セ(世) | ソ(曽) |
| タ(多) | チ(千) | ツ(川) | テ(天) | ト(止) |
| ナ(奈) | ニ(二) | ヌ(奴) | ネ(禰) | ノ(乃) |
| ハ(八) | ヒ(比) | フ(不) | ヘ(部) | ホ(保) |
| マ(万) | ミ(三) | ム(牟) | メ(女) | モ(毛) |
| ヤ(也) | | ユ(由) | | ヨ(与) |
| ラ(良) | リ(利) | ル(流) | レ(礼) | ロ(呂) |
| ワ(和) | ヰ(井) | | ヱ(慧) | ヲ(乎) |

（図4）カタカナのもとになった万葉仮名。

一部をとってもよいという思想が根底にあります。

たとえば、万葉仮名「奈」から、最初の二画をとって「ナ」にする。ひらがなと同じ万葉仮名からできていますが、カタカナは万葉仮名の一部をとるので「ナ」です。

現在の「アイウエオ」が、万葉仮名のどの部分をとったのかを、図3に示しておきました。

図4には、現在のカタカナのもとになった万葉仮名を記しておきますから、（　）内に記された万葉仮名のどの部分をとったものかを○で囲んでみてください。すると、いろんな発見があると思います。カタカナは、万葉仮名の書き始めの部分か書き終わりの

部分をとることが多いとか、簡単な万葉仮名の場合は、全画をとってカタカナにしているとか。

## 漢文訓読は漢文の翻訳

ところで、このカタカナは、どんな場所から生まれてきたのでしょうか？

九世紀初頭に、漢文で書かれた仏典や漢籍《かんせき》を訓読するところからカタカナが生まれてきました。なにやら縁遠いところから誕生したものだと感じたかもしれません。

いやいや、漢文の訓読には、高校の漢文の授業で触れていますよ。漢文の教科書を思い浮かべてください。漢文がどーんと真ん中に大きく書いてあって、行間に小さく日本語の語順にするための数字や返り点が付いていましたね。

さらに、行間には日本語特有の助詞や助動詞や活用語尾がカタカナで小さく書かれていました。行間に書かれたこれらの数字や返り点に従って語順を変え、カタカナも読み添えていくと、不思議なことに日本語になっている！

図5をご覧ください。①は、漢文（=中国語文）です。日本人には、漢字の個々の意味

①　虎求百獣而食之。

②　虎求メテ二百獣ヲ一而食ラフレ之ヲ。

（図5）②は、高等学校の教科書『精選言語文化』（東京書籍）より。

は分かるのですが、全体の意味がとれない。

でも、②のように、漢文を訓読すると、「虎、百獣ヲ求メテ、之ヲ食ラフ。[*6]」となって、「虎がいろんな獣を探してそれを食べる」っていうことね、と意味まで分かる。

原文に語順を変える符号や数字を付けて、助詞「ヲ」「テ」や活用語尾「メ」「(ラ)フ」を加えると、見事に日本語になっている！　こんなにすばやく日本語に翻訳できるなんて、と感激するほどです。

英語の翻訳を思い浮かべてください。翻訳文を全文日本語で書かなくてはならない。なのに、漢文では、原文にちょこちょこと語順や助詞などを加えるだけで日本語に翻訳できちゃうんですよ！　翻訳文なんていらないんです。

高校の漢文の時間は、日本人が中国の漢文を日本語に翻訳して、内容をすばやく消化吸収する方法を学ぶ時間でもあったのです。もちろん、漢文の授業の目的は、中国の古典を教材にして、日本に大きな影響を与えた中国の思想や文化や表現の仕方を学ぶことです。でも、翻訳方法を知るという副産物もあったわけです。

副産物と言えば、高校で受けた漢文の授業が現実に役に立った思い出があります。私は、中国に五か月滞在したことがあります。むろん、中国語はからっきし。その時、高校の漢文の授業を思い出し、日本語を中国語の語順に並び替えて、紙に書いて中国人に見せました。すると、中国人も返事を紙に書いて私に見せました。訓読すると、意味がとれるではありませんか！　学校で学ぶことって、後で役に立つと妙に感心したのを覚えています。漢字文化圏ならではのコミュニケーションのとり方です。

さて、話を戻しましょう。

## 漢文訓読の場から誕生

奈良時代から、日本人は、漢文の訓読を行なって、中国の思想や文学を吸収していました。先生にあたる僧や博士が、訓読しながら漢文を読み進む。弟子たちはすばやく漢文の行間にそれを記入していく。

ところが、日本語の文字としては、まだ万葉仮名しかない。狭い漢文の行間に助詞・助動詞・活用語尾などを万葉仮名で書き込もうとすると、書き入れられない。万葉仮名は、漢字と同じ画数を持っているから当然ですね。

さらに、スピーディに記入しなければ先生はどんどん先に読み進んでしまいます。どうしたらいいのか？　万葉仮名の一部分を記しておけば、いい。それなら、狭い漢文の行間にも書き入れられるし、速度もでる。こうして、カタカナは漢文訓読という学問の場から誕生していったのです。

万葉仮名のどの部分をとるかは人によって違っていましたし、もとになる万葉仮名も複数ありましたから、一音に対して複数のカタカナが発生していました。けれども、ひらがなと同じく、一九〇〇年の「小学校令」によって、カタカナも一音に対し一字が決定したのです。

なお、漢文訓読の時に、まれに万葉仮名全体をくずしたひらがなを用いることもありました。ですから、ひらがなは漢文訓読の場からも、発生しているのです。

こうして、日本人は、漢字の他に、思い通りに日本語を写すことのできるひらがな・

カタカナを手にしました。すると、どんなことが可能になったでしょうか？

## ひらがな文で書く世界

長い文章が、楽に思いのままに書ける状態になったのです。漢字・ひらがな・カタカナを手にした平安時代の日本人は、実にさまざまな文章を書いています。それらを文字の使用状況から大きくとらえると、次の三種類になります。

①漢字だけの文章。たとえば、漢文とか漢式和文（＝変体漢文）がその例です。

②漢字にひらがなやカタカナを交ぜた文章。具体的には、漢字ひらがな交じり文や漢字カタカナ交じり文です。いわゆる漢字仮名交じり文ですね。以下、「仮名」と漢字表記してある時は、ひらがな・カタカナの両方を含みます。

③ほとんど、ひらがなやカタカナだけの文章。ひらがな文やカタカナ文です。いわゆる「仮名文」です。

このうち、③に属するひらがな文は、和歌を記した『古今和歌集』をはじめとする歌集を生み出しました。さらに、ひらがな文は、日常的な事柄を書き記す手紙などから生まれてきただけあって、話し言葉を写し取るのが得意です。そのため、それまで口語りで伝えられてきた物語を文字化し、『竹取物語』『伊勢物語』などの文学作品を生み出していきました。[*7] とくに、『伊勢物語』は、文字化する過程で高い文学性を獲得していきます。

さらに、『土佐日記』のように女性に仮託して書いた日記、荒れていく夫婦仲を赤裸々に告白した『蜻蛉《かげろう》日記』、鋭い感性と観察眼を全開して書いた随筆『枕草子』、そして、世界の傑作古典として名をとどろかせている『源氏物語』を生み出していきます。

西暦一〇〇〇年頃に、『源氏物語』のような、心理描写に秀でた長編恋愛物語を生み出した国は、日本だけです。私は、アメリカやカナダの大学を訪問した時に、『源氏物語』をはじめ、数々の日本の古典文学作品が英語に翻訳され、書架《しょか》に並んでいるのを見て、胸を熱くしたのを覚えています。思いのままに綴れる文章を手に入れると、後世の世界中の人々に読んでもらえるような優れた文学作品を生み出すことができることを目の当たりにしたからです。

ひらがな文は、こうして日本語の文章になるかと思われたのですが、実は欠点がありました。第一に、漢語が入りにくい。ひらがな文にも、漢語が少しは入っていますが、日常的な言葉に限られています。漢数字「一」「二」とか日常語になった「日記《にき》」「講師《かうじ》」「京《きやう》」などです。ひらがな文は、日常的なことや具体的なことを綴るには最適なのですが、漢語をたくさん必要とする非日常的で抽象的な事柄を書かなくてはならない時には不向きなのです。

第二に、ひらがな文は読みにくい。『土佐日記』の原文を一文だけあげてみます。読んでみてください。

「それのとしのしはすのはつかあまりひとひのひのいぬのときにかとてす」

（『影印本　土左日記[*8]』）

分かち書きをしないと、とても読めない。でも、ひらがな文の分かち書きが盛んに行なわれるようになるのは、ずっと後の明治時代に入ってからです。

現代では、この箇所は「それの年の師走《しはす》の二十日《はつか》あまり一日《ひとひ》の日の、戌《いぬ》の時に門出《かどで》す。」と、句読点が打たれ、適宜《てきぎ》漢字があてられ、濁点が打たれ、読みやすい形で提供されています。ひらがな文は、書くのは簡単なのですが、読みにくいのです。

これらの欠点を克服できる文章とは何か？　②に属する、漢字仮名交じり文です。まず、漢字にカタカナを交ぜた、漢字カタカナ交じり文が登場します。

## 漢字仮名交じり文でないと書けない世界

カタカナが漢文訓読の世界から生まれたことはすでに述べましたが、漢字カタカナ交じり文も漢文訓読の世界から生まれました。漢文の訓読をしているうちに、行間に、たとえば、

「説ト聴ト説ルヲ惣名ク一時」（＝説クト説ケルヲ聴クト惣《すべ》テ一時ト名ヅク）

（『西大寺本　金光明最勝王経』序品第一）

などのメモを記入したのが漢字カタカナ交じり文の始まりです。

ですから、平安時代の漢字カタカナ交じり文は、カタカナを小さく右寄せに書いており、訓読の面影を残しています。たとえば、

「名ヲハ一角仙人ト云フ額ニ角一ッ生タリ」（＝名ヲバ一角仙人ト云フ。額ニ角一ツ生タリ。）

（『今昔物語集』巻五第四話）

のように。

当時の人は、この漢字カタカナ交じり文で、何を書き記したのでしょうか？説話《せつわ》です。平安時代は仏教が盛んでしたから、僧侶たちは一般の人に仏教の教えを分かりやすく説き聞かせる必要がありました。その時に使うのが説話です。釈迦《しゃか》の話、高僧の話、霊験譚《れいげんたん》、蘇《そ》生譚《せいたん》、親孝行の話、奇怪な話、世間話などを具体例にして、そこから教訓を引き出して、信仰心を起こさせたり、生き方を指南したりするわけです。

そうした説話は、口頭で伝えられたり、漢文の書物の形で伝えられたりしていましたが、それを集め、書きとどめておけば、説教の時に使えます。あるいは、すでに行なわ

れた説教を書きとどめておけば、それも後で繰り返し使えます。

説話を書き記しておくには、普段から使い慣れているカタカナを用いた漢字カタカナ交じり文が最適です。なにしろ、漢語を頻用するので、ひらがな文では対応しきれない。

説話では、抽象的なことや非日常的なことも語るので、「報恩《ほうおん》」「恩愛《おんあい》」「久遠《くおん》」「恩《おん》徳《とく》」「苦縛《くばく》」「外典《げてん》」「外法《げほう》」「閻魔王《えんまおう》」「虚空蔵菩薩《こくうぞうぼさつ》」「獄卒《ごくそつ》」「異名《いみょう》」「縁起《えんぎ》」「炎火《えんか》」「隠《おん》形《ぎょう》」「合掌《がっしょう》」「起請《きしょう》」「怪鳥《かいちょう》」など、たくさんの漢語が入ります。

## 漢字カタカナ交じり文の文学

説話を集め記録していくと、やがて、文学の域にまで達した説話文学が生み出されていきます。平安末期にできた『今昔物語集』は、その典型です。インド・中国・日本と三国にわたる一〇四〇もの説話を編纂《へんさん》しています。

さきほど引用した額に角のある一角《いっかく》仙人の話は、インドの説話です。一角仙人の神通力《じんつうりき》はすばらしく、雲に乗って空を自在に飛ぶこともできるほど。ところが、山で見かけた美女に惚《ほ》れてしまい、すっかり神通力を失ってしまいます。それでも女に乞われるままに女をおんぶして城まで送り届け、よぼよぼと歩いて山に帰っていく話です。

やせこけた異形の一角仙人がふくよかな女をおんぶして、城郭《じょうかく》を歩いていく姿まで彷《ほう》彿《ふつ》とさせる筆致で描かれています[*9]。

こういう説話を語り、最後に「だから、一時の色香《いろか》に惑わされてはいけないよ」などという教えに導いていくわけです。教訓臭がただようのですが、説話そのものは、極めて面白いものが多い。

事実、これらの説話を蒐集《しゅうしゅう》・脚色している編者も、話そのものをリアルに描写することに情熱を注いでいることは明らかで、最後に記される教訓はひどくおざなり。一角仙人の話も、長い説話を生き生きと記述した後、「カク嗚呼《をこ》ナル聖人コソ有ケレトナム語リ傳《つた》ヘタルトヤ（＝こんなふうにバカな聖人がいたんだと語り伝えているとさ）」という何とも簡単な一文を付けておしまい。

『今昔物語集』は、教訓よりも説話そのものを語ることに情熱を注いだからこそ、文学の域にまで達することができたのです。

『今昔物語集』は、芥川龍之介によって「野生の美」「美しい生々しさ」を持つ作品として絶賛されています。そして、自らも『今昔物語集』の説話をもとに『鼻』『羅生門』『藪《やぶ》の中』『地獄変』『偸盗《ちゅうとう》』など多くの短編小説を書いています。

## 漢字仮名交じり文は読みやすい

こうした説話を書きとどめる時に活躍したのが、漢字カタカナ交じり文です。この漢字カタカナ交じり文が、次の時代の『平家物語』などの戦記文学に継承され、さらに、漢字ひらがな交じり文で書かれはじめます。

その後も、漢字に交ぜるのは、カタカナになったり、ひらがなになったりしながら、現代の漢字ひらがな交じり文に連なります。

漢字ひらがな交じり文は、ひらがな文やカタカナ文に比べて、格段に読みやすい。どのくらい読みやすいのでしょうか？

同じ内容を漢字ひらがな交じり文、ひらがな文、カタカナ文で書いた文章を読ませ、その速度をはかった実験があります。[*10] もちろん、ひらがな文やカタカナ文は、読みやすいように分かち書きで示してあります。

その結果、漢字ひらがな交じり文は、ひらがな文やカタカナ文の二倍も速く読めたのです！　漢字が意味の把握に役立ち、意味の吸収がすこぶる速くなされる効率的な文章なのです。

日本人は、さまざまな可能性の中から、最も効率的に読める漢字ひらがな交じり文を選んで日本語を書き記しているのです。

## トップクラスの語彙量

では、次に語彙の話に行きましょう。語彙というのは、特定の範囲内で使われる単語の総体のことです。たとえば、一人の人間が理解できる単語の総体を「理解語彙」、一人の人間が表現するのに使う単語の総体を「表現語彙」というふうに用います。

手始めに、「理解語彙」から日本語の特性をとらえてみます。こんなデータがあります。使用頻度の高い語を一〇〇〇語覚えると、それぞれの言語はどのくらい理解できるかという調査結果です。

日本語は、一〇〇〇の使用頻度の高い単語を覚えても、日本語が理解できる程度はわずか、六〇・五%。つまり、六割しか理解できないのです。それに対して、英語は、使用頻度の高い一〇〇〇語を覚えれば、八〇・五%は理解できるのです。スペイン語は、八一・五%、フランス語は、八三・五%も理解できます[*11]。ルーマニア語は、八五・八%が分かるのです[*12]。

　つまり、日本語は、これらの言語に比べて語彙量が抜群に多いので、使用頻度の高い一〇〇〇語を覚えたくらいでは、六割しか理解できないという結果になるのです。次に「表現語彙」から、日本語の特性をとらえてみます。こんな調査結果があります。日本語では、約一万語を知っていても、日本語の文章の九〇%しか書けない。一万語ですよ！　それに対して英語、フランス語、スペイン語では半分の五〇〇〇語でそれぞれの文章の九〇%から一〇〇%が書けるのです[*13]。英語は、世界の言語の中でも語彙量が豊かだと言われます[*14]。ラテン語、ギリシア語からきているほかに世界各国から語彙を受け入れ、膨大な語彙量に膨れ上がっているからです。

　にもかかわらず、英語の文章は五〇〇〇語をものにすれば、九割がた、まともに書けるのです。日本語は、その倍の一万語で、ようやく日本語文の九割程度が書けるようになる。日本語の語彙量がいかに膨大であるかがよく分かります。

語彙量の多さにかけては、日本語はトップクラスです。では、なぜ、こんなに語彙量が多いのでしょうか？

## なぜ、語彙が増えるのか

日本語の語彙が世界屈指の豊かさを持っているのは、次に述べていくような三つの理由が考えられます。

第一に、新しい事物や思想に触れた時、新しい漢語を次々に作って受け入れたことです。明治維新になって西欧諸国から新しい文物《ぶんぶつ》や思想が雪崩《なだれ》を打って入ってきた時、日本人は次々に新しい漢語を作って、それらを受け入れたのです。

〔philosophy〕を「哲学」と訳し、〔geometry〕を「幾何学」と訳す。身近な「鉄道」も〔rail road〕の訳語。次々に入ってくる西欧語に「科学」「化学」「心理学」「価値」「蓋然《がいぜん》」「可能」「思考」「帰納」「演繹《えんえき》」「外延《がいえん》」「内包」「現象」「需要」などと、それこそ日本語の語彙の体系が変わるほど、新しい漢語を作って対応したのです。

日本で作ったこれらの漢語は、中国・朝鮮・ベトナムにも受け入れられ、現在それぞれの国で使われているものも少なくありません。

第二に、新しい事物や思想を表す外国語をそのまま外来語として受け入れることです。外国語と言っても、ほとんど英語です。これは、昨今の状況ですから、よく分かるでしょう。

「カルチャー」「クッション」「スケール」「ターミナル」「ターゲット」「ダビング」「チャレンジャー」「ディーラー」など。IT（情報技術）用語は、ほとんど外来語です。「アクセシビリティ」「コロケーション」「サーバ」「スパイウェア」「セッション」「チャット」「テラバイト」「ファイアウォール」「リカバリ」など。

いわゆるカタカナ語による受け入れです。これらの多量のカタカナ語も、日本語の語彙体系を変えつつあります。

第三に、第一・第二の理由によって増えた語彙を整理することなく、微妙な語感の違いを表す語として、溜《た》め込んでいくことです。だから、次に述べるように類義語が実に多い。

## 和語・漢語・外来語

日本語では、同じことを表すのに、(ア) 日本古来の和語、(イ) 中国から伝来したり日本で作ったりした漢語、(ウ) 欧米諸国から入ってきた外来語、の三種類の語が併存していることも珍しくありません。

ちなみに、三種類の語を持つ例を五つだけあげてみます。「ほほえみ」「微笑」「スマイル」／「いろ」「色彩」「カラー」／「くちづけ」「接吻《せっぷん》」「キス」／「やどや」「旅館」「ホテル」／「かわや」「便所」「トイレ」。

ひらがなで書いた和語は、昔からの土着の言葉なので、日本情緒をたっぷり含んだ語です。漢字で書いた漢語は、やや観念的なニュアンスを帯び、少々硬いイメージの語です。カタカナで書いた外来語は、新鮮で高級感がただよいます。でも、三種類の語は、基本的には同じような意味です。ですから、整理しようと思えば整理できます。

ところが、日本人は整理するどころか、ニュアンスの違いを大事にして使い分けます。

文章を書いていても、どの語が一番適切かなあと頭を悩まし、複数候補の語の中から一番適切な語を選び出して使う。さまざまな語から、これしかないと選び取った時の満足感！

だから、日本では、数多くの『類語辞典』や『語感の辞典』が刊行されています。これでは、語彙量は減りません。日本人は、語彙の豊かさを愛しているのです。そして、言葉を楽しむ民族でもあります。その徴証《ちょうしょう》は、いろんなところに表れていますが、ここでは、フリガナに注目しましょう。

## 豊かさを求めて

フリガナのある国なんて、探してみてもめったに見つかりません。[*15] 中国語で発音を示すためのローマ字表記（＝ピンイン）がちょっと似ているのですが、ピンインはまじめに発音を示すことに終始しています。日本語のように、言葉の意味を豊かにするためにフリガナを使うなんてことはありません。

たとえば、「財産家」「無学漢」「子供」「全世界征服の野望」。フリガナがないと漢字の示す通りの意味しかありません。面白くもなんともない。ところが、これらの語には次のようなフリガナが付いています。「財産家《ものもち》」「無学漢《わからずや》」「子供《がき》」「全世界征服の野望《みーんなおれのもんじゃ》」[*16]。

フリガナで俄然《がぜん》、意味が具体的になり、面白くなる。フリガナは、日本語では独特の効果を持ったお茶目なツールとしても活躍しています。こういう言語が、どこにあるでしょうか？

## 外来語の勢力

豊かさを愛するのはいいのですが、それにしても、昨今の外来語の氾濫《はんらん》は、いささか心配になります。「外来語」というのは、欧米から入ってくる外国語を、もとの発音に近い形で写しとった語のことです。たとえば、英語「story」を「ストーリー」で受け入れるような場合ですね。

一九六四年、今から約六〇年前では、外来語は　種類数からみると、日本語の語彙の一〇％です[*17]。ところが、それから三〇年経過した一九九四年には、外来語は日本語の三〇％を占めるに至っています[*18]。そして、驚くべきことは、外来語が日本語の基本的な語彙にまで進出してきたことです。[*19]

そう言われれば、思いあたることが身近にもたくさんあります。「店を開く」と言っていたのに、私たちはいつの間にか「店をオープンする」と言っていますし、「賃金を削る」とは言わずに「賃金をカットする」と言っています。「開く」「削る」など、和語で表現していた基本語彙なのに、気づいてみると外来語を使っているのです！

「クラス」「システム」「シリーズ」「スタイル」「セット」「タイプ」「ポイント」などは、日本語の基本的な語彙であるにもかかわらず、もはや、それを意味していた和語や漢語を忘れてしまっていることに気づきます。私たちの住まいを考えてみても、「マンション」に住み「リビング」を広くとって「カーペット」を敷き、上に「テーブル」「ソファ」を置いてと、ほとんど外来語です。

二〇一三年には七〇代の男性がＮＨＫに対し、「外来語の乱用で内容を理解できず、精神的苦痛を受けた」として慰謝料を求める裁判を起こしたほどです。番組内で外来語を乱用し、挙句の果てに番組名まで「ＢＳコンシェルジュ」などと意味のよく分からない外来語を使用しているというのです。[*20] このままでいいのでしょうか？

## 中国や韓国では

中国や韓国や北朝鮮では、欧米から入ってくる外国語をどのように処理しているでしょうか。中国では、それらの語をほとんど中国語に訳して受け入れています。たとえば、「コンビニエンスストア」は「便利店」、「サービス」は「服務」、「パソコン（パーソナルコンピューター）」は「個人電脳」などと。

でも、中国語訳できない場合は、漢字の音を利用して外国語を写しています。「ウルトラマン」は「奥特曼」、「コカ・コーラ」は「可口可楽」、「オリンピック」は「奥林匹克」[*21]。これが、「外来語」に相当します。

中国では、日本ほど、自在に欧米語をもとの発音に近い形で受け入れているわけではなく、自国語に翻訳して受け入れるのが基本です。明治時代の日本のように、自国語に翻訳する努力をしているのです。これは、語の意味を明確にしますので、とても重要な作業です。北朝鮮も、自国語に翻訳して受け入れています。[*22]

韓国でも、「国語醇化《じゅんか》」運動の動きがあるので、日本よりは外来語に対して厳しい政策がとられています。二〇〇三年には、韓国の文化観光部から「国語基本法（案）」が発表され、韓国政府としては外来語の使用を極力抑制していくことを打ち出しています。また、韓国の国立国語研究所では「韓国語学習用基本語彙」のうち外来語を約四％に抑えています。

しかしながら、近年、韓国における外来語の使用は増加の一途をたどり、日本と同じような状況を呈《てい》していると報告されています[*23]。

韓国の状況は、参考になります。制限しても結局増えるということは、もう外来語を受け入れざるを得ない状況になっているということを表しているからです。ですから、私は、外来語をやめようとは言いません。

それよりも、外来語を使う時は、意味をはっきりさせて使ってくださいということを、声を大にして言いたいと思います。

## 外来語は意味を明確にして使おう

言葉というのは、相手に分かってもらってはじめて意味を持つものです。意味もよく分からない外来語を使って話されても、聞き手を説得することはできません。

政治家の演説で、むやみに外来語を使ったものが評判のよくないことは、日本語学者の田中牧郎さんが指摘しています[*24]。国民に分かってもらうためには、多くの人に認知され、意味の明確な外来語だけを使うのが好ましい。意味の分かることこそ、コミュニケーションの基本です。

意味の分からない外来語を使われた場合は、臆せずに相手に聞いてください。「それ、どういう意味？」と。「それも知らないの？」と馬鹿にする人は、自分もよく意味が分かっていない場合が多い。つい、かっこよく見せるために使ってしまうんですね。それに、自分だけが知らなくても、いいじゃありませんか。知っている語は人によって異なっているのですから、知らない語があって当然です。

こんなふうに、皆が外来語の意味に敏感になれば、意味不明の外来語が跋扈《ばっこ》するのを防ぐことができます。

## 心理を表す語彙が多い

さて、最後に、日本語は、意味から見ると、どんなカテゴリー（＝範疇《はんちゅう》）の語彙が多いのかを述べておきましょう。それを知ると、日本人の性向がつかめそうな気がするからです。

語彙を次の五つに分類すると、[*25]日本語で一番多くの語彙を持つのは、どのカテゴリーでしょうか？　現代雑誌九〇種に見られる約三万二六〇〇語を対象に、これらの五分類で、どのカテゴリーの語彙が多いかを調査した結果が出ています。[*26]

（ア）自然物や自然現象を表す語彙（例、雲・天災・虫・菊・吹く）
（イ）生産物や用具を表す語彙（例、木綿・木材・米・鍋・シャベル）
（ウ）人間活動（精神や行動）を表す語彙（例、心・意識・表情・書く・いとしい）
（エ）活動の主体を表す語彙（例、自分・夫婦・仲間・国民・化け物）
（オ）抽象的関係を表す語彙（例、程度・平均・秩序・可能・無縁）

自然に囲まれた日本では、（ア）に属する語彙が多いような気がします。でも、一番多いのは、（ウ）の人間活動（精神や行動）を表す語彙です。そのうち「心」の状態を表す語彙が抜群に多いのです！　「気落ち」「劣等感」「快感」「不安」「憎む」「さびしい」などと。日本人は、心の動きに敏感で、それを表す語彙をたくさん持っていることが判明します。

平安時代に世界に先駆けて人間の心理を深く隈《くま》なく描写した『源氏物語』が作られたというのも、偶然ではないのです。昔から、日本語には心理を表す語彙が豊かなのです。

さらに、私は、心の状態を表す形容詞に注目して、不快な感情を表す語か、快《こころよ》い感情を表す語か、に分類・整理したことがあります*27。

その結果、現代では、不快な感情を表す語彙が圧倒的に多いことが判明！　「いたたまれない」「いまいましい」「うすきみわるい」「うっとうしい」「うるさい」「こわい」「つらい」「なさけない」などと。

面白い結果なので、さらに、歴史を遡って調査をしてみました。すると、なんと、奈良時代から、日本人はずっと不快な感情を表す語彙のほうを多く持っていたのです。

人間にはさまざまな欲求があります。でも、現実の社会では、欲求は満たされないことが多い。すると、不快な感情が生じ、それを表す言葉がたくさん作られます。日本人は、概して人前で感情をあらわにするのを避け[*28]、笑顔を絶やさず温和にふるまっています。でも、不快な感情を表す語彙の多さは、人前での温和さが、むくむくと湧き上がる不快な心を抑え込んでいるからにすぎないことを明らかにしてくれます。

## 日本語の特色―文字・文章・語彙―

日本人の使うひらがな・カタカナという文字、漢字仮名交じり文という文章、膨大な量にのぼる語彙は、いずれも世界に類を見ない独自性を持っていました。そして、そこには改造好きな日本人、効率的な文章を選び取る日本人、豊かな語彙を愛し、言葉を楽しむ日本人、不快な感情を抑えつつ生きる日本人の姿が浮かび上がっていました。

日本語は、文字・文章・語彙においては、存在感のある言語です。文字・文章・語彙は、考えてみると、「読む・書く」に結びつく項目です。言語には、「話す・聞く」に特化した「音声言語」的なものもあれば、「読む・書く」に特化した「文字言語」的なものもあります。

世界共通語の英語は、どちらかと言うと、「音声言語」的な性質を持っています。文字に重点を置いていないのです。文字は、話し言葉を写す道具と割り切っている節があります。だから、アルファベットの二六文字があれば、いいのです。

ところが、日本語は、第六章で述べたように、発音は極めて単純素朴であり、とても「音声言語」的とは言えない。それに対して、文字・文章・語彙においては、豊かで独自性を持っており、「文字言語」に特化した言語であることが浮き彫りになってきました。英語と正反対の性質を持った言語なのです。

世界の言語の中で、独自の地位を占める日本語は、希少価値を持っており、人類の貴重な財産です。先人たちが苦心して築き上げてきた日本語を、私たちは次の世代にバトンタッチしていく使命を負っています。

第八章

# 多様性こそ活性化の源

## ここでのテーマ

最終章は、大きく三つのテーマを扱って、この本の締めくくりにしたいと思います。

第一は、言語が消滅する時に何かサインは現れないのか？　消滅してしまったら、復活することはないのか？　というテーマです。第二は、なぜ、それぞれの民族は、自分たちの言葉と文化を守る必要があるのか？　というテーマ。第三は、日本人は、日本語を守るためにどうすべきなのか？　というテーマ。いずれも、とても気になる問題ですね。では、早速、第一のテーマに突入です。

## 消滅のサインが灯る時

具体的にどのようなことが起こると、自分たちの言語に消滅の危機がおしよせてきていると分かるのでしょうか？　子供がその民族の言葉（＝母語）を話さなくなる、これが最も分かりやすい消滅のサインです。言語の危機度をうらなう重要な決め手は、話者数ではありません。子供が、母語として、その言語を習得しているかどうかなのです。

子供がその民族の言葉を話さなくなる理由は、二つあります。一つは、強国に教育の場で同化政策を施された時です。母語を話すと罰せられるなどの状況下で、子供は仕方なく強国の言語を話し、結果として母語が失われていく場合です。

二つ目の理由は、大人たちが自分たちの母語を伝承する姿勢がない時です。それは、国家がバイリンガリズム（＝二言語併用）を政策として推し進めた時に起こりやすい現象です。

母語よりも、はるかに社会的に有利な言語があれば、多くの親は、後者を選びます。当面の利益に惑わされて、将来、子供がアイデンティティを失ったり、独自性を失ったりするという大きな損失には気づかないからです。親が子供に母語を教えなくなるという現象も、こうした政策の中で起こることが多いのです。

バイリンガリズムの中で、母語の使い方が不完全な若者たちが現れ始めたら、母語消滅のサインが灯《とも》っています。母語は、親から子へ自然にバトンタッチされるもの。親が自分たちの民族の言葉をいつくしみ大切にし、子供に伝えていく姿勢がなければ、その言語は消滅せざるを得ません。

国は、常に母語を優先する政策をとってこそ、程よいバイリンガリズムができあがるのです。

## 言語的な消滅のサイン

では、母語が言語的にどういう状態になった時に、消滅のサインが灯るのでしょうか？

言語学者の土田滋さん[*1]、共著を出している文化人類学者のダニエル・ネトルさんと言語学者のスザンヌ・ロメインさんの発言[*2]を参考にして、私なりに日本語にあてはめて考えてみます。

まず、①語彙が乏しくなります。語彙の中でも、名詞（例、「犬」「鳥」「米」）は残りやすいのですが、動詞（例、「添える」「とろける」）や形容詞（例、「けむい」「いまいましい」）が消え始めます。具体的な物の名前は残りやすいけれど、やや抽象度の高い動詞や形容詞は消えやすいんですね。

また、語彙が少なくなっているので、同じ意味合いを持つ語を使い分けることができずに、たった一語ですべてを賄おうとします。たとえば、大きさを表す時に、「大きい」の他に、「でかい足」「巨大な岩」「特大の手袋」「大規模な調査」「大がかりな仕掛け花火」など、さまざまな語があるのですが、すべて「大きい」だけで済ませるわけです。

②発音も、似ている音の区別ができなくなります。たとえば、「寂れる」。「さびれる」だったか、「さみれる」だったか分からなくなり、あいまいに発音します。「び」と「み」の発音は、似ていますからね。

③文法も簡略化して規則的なものに変わり始めます。ですから、複雑な構文を作る連体修飾部（＝名詞などの体言を修飾する語句）や連用修飾部（＝動詞などの用言を修飾する語句）は少なくなり、形容詞や形容動詞や副詞だけで済ませてしまいます。

たとえば、「私は、歯の根が合わないほどの恐怖に襲われた」という連体修飾部のある文なら、「私は、激しい恐怖に襲われた」という形容詞だけの文にして済ませるというぐあいです。文の中に、もう一つの主語「歯の根が」と述語「合わない」の入った連体修飾部を含みこむ複雑な構文が作れなくなっていくのです。

④言いたいことが十分に表現できなくなります。たとえば、「彼はむっつりしていた」という表現が最も適切な場合でも、「むっつり」などの日本語特有の感覚的な表現ができなくなるのです。[*3] 母語であれば、自然と身に付く言語感覚が失われていくのです。

つまり、日本語の豊かで複雑な部分が消えて、単純化され、やせ衰えていくという傾向を表します。多様性や複雑さが失われていく。これが、消滅に向かい始めたことを示す言語的なサインです。変化ではなく、日本語自体がやせ細っていくのです。

やがて、日常の話し言葉として用いられなくなり、さらに書き言葉としても使われなくなり、本当の消滅が訪れ、地球上から音もなく消えていきます。

## 一度消滅した言語は、どうなるか

では、完全に消滅してしまった後で、復活したという言語はあるのでしょうか？ ありません。言語学者のディクソンさんも言い切っています、「どの言語も一度日常的に使われなくなったもので再び生き返った試《（ママ）》しはない」[*4] と。

ただし、細々とでも、書き言葉が残っており、その上に何らかの好条件が加われば、復活する可能性は皆無ではありません。その例は、ヘブライ語です。

## 唯一の復活した言語

西暦七〇年、ユダヤの国は、ローマ帝国に滅ぼされました。国を追われたユダヤの人たちは、現在のドイツのある地域を中心に、世界各地に散らばりました。そのため、西暦二〇〇年頃にはヘブライ語は、話し言葉としては用いられることがなくなり、日常語としては消滅とみなせる状態になりました。それでも、独自のネットワークを持ち、各地で『旧約聖書』のような権威ある文献をもとに、ヘブライ語の知識を失わないための努力が続けられていました。

一八世紀後半になると、ユダヤ教内部における啓蒙《けいもう》運動（＝ハスカラー運動）が起こり、ユダヤ文化復興の気運が盛り上がり、まずヘブライ語が書き言葉として広く使われるようになりました。さらに一九世紀末には、話し言葉としても復活を成し遂げたのです[*5]。なんと、約一七〇〇年間の断絶を経て、一九世紀末に近代ヨーロッパで話し言葉として復活したのです！

そして、第二次世界大戦後の一九四八年にイスラエルが建国されて、この国の唯一の公用語になりました。

なぜ、一般的にはありえない復活が可能になったのでしょうか？　次に述べる二つの特別な条件に恵まれたからです[*6]。一つ目は、確かに話し言葉としては消滅してしまっていましたが、ユダヤ教のヘブライ語聖書の典礼《てんれい》言語として、あるいは学者の使用する文章言語として細々と生き続けていたことです。つまり、一七〇〇年間の長きにわたって書き言葉として、かろうじて命をつないでいたのです。

二つ目は、ユダヤ教という一つの宗教で結びついた民族の強い絆《きずな》があり、それが政治的な信条を一《いつ》にする集団となっていたことです。これらの好条件が、世にもまれな消滅言語の復活を引き出したのです。

こうしたヘブライ語の稀有《けう》な例を除くと、一度消滅した言語が復活することはないのです。ですから、自分たちの言語を消滅させたくなかったら、消滅の兆しが見えた時に、手を打つ必要があることが分かります。

## なぜ、民族の言葉を守る必要があるのか

それにしても、なぜ、それぞれの民族は自分たちの言語を守らなくてはならないのでしょうか？ 第二のテーマに入っていきます。この答えを一言でいえば、多様性が、社会の活性化に必要だからです。そのことを、言語ならびに言葉に連動する文化という二つの面から具体的に述べていきます。まずは、言語の面から。

視覚的にとらえることのできる文字を例にして、話を進めます。多様な文字があったからこそ、改良したり新しい文字を作り出したりすることが容易であった事実を述べて、その例証としましょう。

たとえば、世界が単一の英語だけであったとします。英語は、ラテン文字（＝ローマ字）を使って、話し言葉に使う発音を、子音や母音という音素に分解してそれぞれを文字にして表す「単音文字」の体系です。つまり、発音の最小単位である子音と母音を文字にしているんですね。個々の文字は、発音を表すだけで意味を持っていません。「表音文字（＝一字が音だけを表す文字）」の一種です。図1をご覧ください。アメリカの小学三年生が使う国語のワークブックからの引用です。

When Arthur was almost seven years old, a very sad thing happened. His mom died. He started to play tennis all the time, maybe because he missed her so much. But he also graduated at the top of his high school class and was the first member of the Ashe family to graduate from college.

（図1）ラテン文字。アメリカの小学3年生の国語のワークブック[*7]。文教大学教育研究所蔵。

さしあたり、世界中が、図1に示したようなラテン文字で子音と母音を記す単音文字の体系であったら、世界中どこに行っても目にする文字は同じです。最初こそ、「いいねえ、どこに行っても分かるし、便利だなあ」とその利便性に満足するでしょう。

でも、すぐに刺激が少なすぎて、物足りなくなります。せっかく外国に来ているのに、目にする文字が同じだと、新鮮さが感じられない。胸もときめかない。これが、一言語しかない時の状態です。

## 表語文字と音節文字の存在

一方、それぞれの地域にさまざまな文字がある状態を思い浮かべてください。多様な文字が存在する世界です。そういう状態であれば、文字にする多様な方法を知るこ

北京的北海公园，是世界上保存最完好的古代皇家园林。它那秀丽的湖光山色，各式各样的古代建筑闻名世界。

琼岛位于北海公园的中心，它四面是水，像大海中升起的一座高山。这里的景

（図2）漢字。中国の小学3年生の国語の教科書。文教大学教育研究所蔵。

とができ、容易に改良したり、全く新しい文字を生み出すことができます。

では、世界にある文字をいくつか例示し、そのことを具体的に述べてみます。まず、中国に行きます。図2のような文字で書かれた文章に出会います。中国の小学三年生の国語の教科書からの引用です。

ラテン文字と全く違った文字の形であることは、一目瞭然。さらに、話し言葉を文字に写し取る方法も全く違っています。

中国語では、一つの文字が一つの意味を持った単語を表しています。ですから、「表語文字（表意文字とも）」と呼ばれます。最も大きな単語レベルの単位で文字化しているわけですね。

では、日本。漢字の他に、ひらがなやカタカナを使っ

> そこで、ウイルソンは、はたらきありの体の仕組みを、細かに研究してみました。すると、ありは、おしりのところから、とくべつのえきを出すことが分かりました。それは、においのある、じょうはつしやすいえきです。

（図3）ひらがな・カタカナ・漢字。日本の小学3年生の国語の教科書。（『国語3下巻あおぞら』令和4年度版、光村図書）。

ています。図3は、小学三年生の国語の教科書からの引用です。そこに見られるひらがなやカタカナは、ラテン文字とも漢字とも違った文字化の方法です。

発音に使う子音と母音を合体させた段階の音節を文字にしています。だから「音節文字」です。

ラテン文字のように、子音と母音をそれぞれ文字にする「単音文字」ではありません。また、漢字のように文字が意味を表すことはないので、「表音文字」です。こんなふうに、発音を文字にしていく方法をまとめて示すと、図4のようになります。図4の「単音文字」のうち、「子音を文字にする」は、これから取り上げる文字化の方法です。

では、早速、その方法をとるタイ文字・ビルマ文字・デーヴァナーガリー文字といったインド系文字を見ることにしましょう。これらの文字は、初めて見る人を大いに楽しませてくれます。

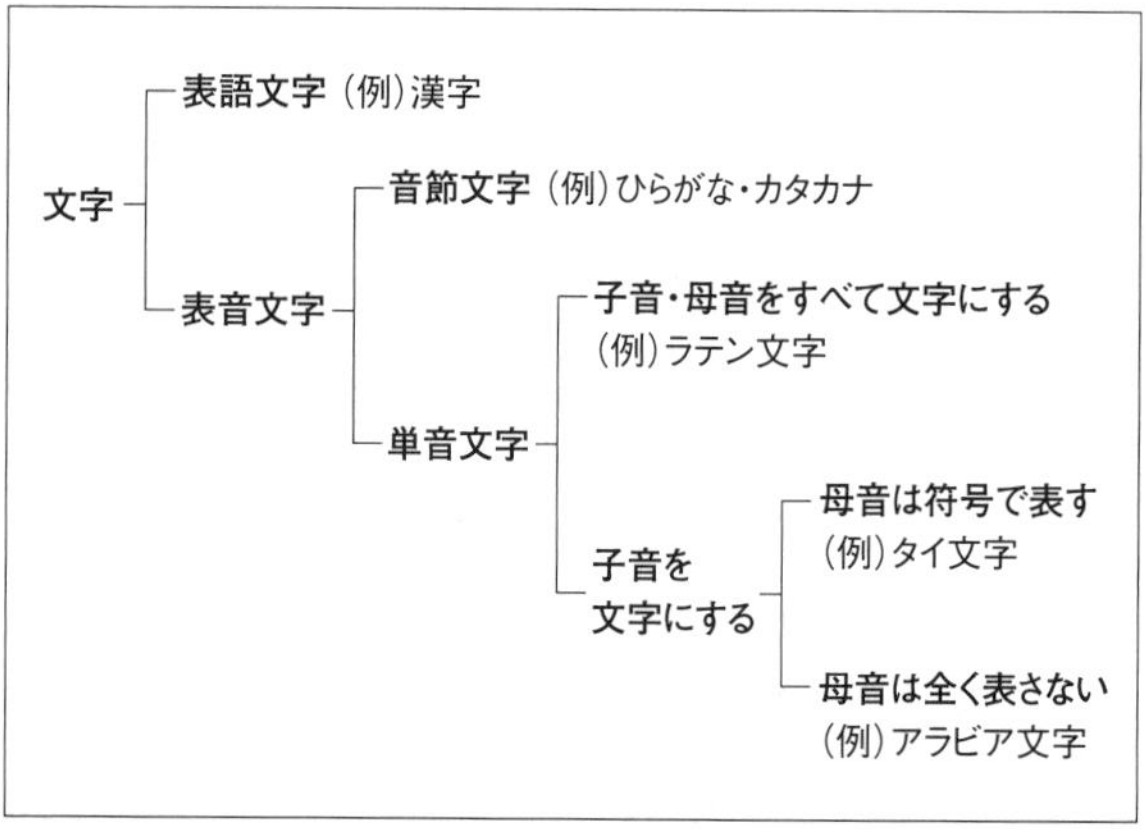


（図4）文字の分類。

## 子音を文字で、母音は符号で

まず、タイ文字から。図5をご覧ください。見る人の目を釘付《くぎづ》けにします。音符のような楽し気な文字です。「文字の上のくるくるした符号や、お椀《わん》を伏せたような符号は何？」と。それが母音を表す符号の一つです。たとえば、「ุ」や「ิ」ですね。

タイ文字は、子音だけを文字として書き記し、母音は補助的な符号（＝ダイアクリティカルマーク）で表す体系の文字です。面白いですね。子音だけを文字にするんです。

なぜ、そんなことが可能なのでしょうか？ある子音の後には、いつも決まった母音が

วันหยุดเรียน　วีระชวนมานะและปิติไปเที่ยวป่าใกล้ไร่แตงโมของลุง ข้างๆ ไร่เป็นทุ่งนามีหญ้าเขียว ชาวนาจูงวัวควายไปเลี้ยง　ในทุ่งนามีบึงกว้าง นกหลายตัวเดินหาปลาอยู่ตามริมบึง

(図5)タイ文字。タイの小学2年生の国語の副読本。筆者蔵。

来ると分かっていれば、母音は省略できますね。たとえば、/s/という子音だけ書けば、その後には母音/i/が来ると決まっていたら、/i/は書かなくても済ませることができますね。その決まった母音をなくしたい時や他の母音を続けたい時だけ、子音の周りに補助的な符号を書き加えておけば、いいことになるからです。符号を付ける位置は、子音文字の上下左右のどこかです。

さらに、文字の上にはときどき声調（＝意味の区別に用いる音の高低のパターン）を表す符号も付いています。たとえば、「่」や「้」です。見れば見るほど、好奇心が掻《か》き立てられる！　自分たちの知っている文字とは違った体系に驚き、視野が広がります。

タイのお隣のミャンマーに行くと、思わず食べたくなってしまうような文字に出会います。図6のビルマ文字です。お

အရက်နှင့်ဆေးလိပ်သည် ကိုယ်ဝန်ဆောင်မိခင်များနှင့် သန္ဓေသား
လောင်းအတွက် အန္တရာယ်ရှိသည်ကို လူတိုင်းသိနားလည်ထားကြပြီး ဖြစ်
သော်လည်း။အရက်နှင့်ဆေးလိပ်နည်းတူ သန္ဓေသားလောင်းအပေါ် ပေးနိုင်သည့်
အကိုက်အခဲပျောက်ဆေးများ၏အန္တရာယ်ကို သတိပြုမိသူ နည်းပါးပေသည်။

（図6）ビルマ文字。ミャンマーで刊行された「健康ダイジェスト」本。筆者蔵。

लंका के घमासान युद्ध में रावण, कुंभकर्ण और मेघनाद
मारे गये। राम की विजय हुई। राम ने राज्य स्वयं नहीं
रखा। उन्होंने विभीषण को राजसिंहासन पर बिठाया। उस
समय राम एक तरफ बैठे मुस्करा रहे थे।

（図7）デーヴァナーガリー文字。インドのヒンディー語の小学2年生「文法」の教科書。文教大学教育研究所蔵。

団子を並べたような、この上なくかわいらしい文字です。人によっては、真珠のネックレスに見えるかもしれません。

タイ文字と同じく、子音だけを文字で表し、母音や声調は、補助的な符号で子音文字の周りに付けます。その符号も、半円に近いかわいいものが多いのです。ですから、全体的にまあるいお団子や真珠の行列のような文字列になるんですね。

図7は、ヒンディー語で使われるデーヴァナーガリー文字です。タイ文字、ビルマ文字と同じく子音だけを書き、母音は符号で追加するという体系の文字に属します。デーヴァナーガリー文字は、横線がきちんと並ぶので、

يسعدني أن أشارككم هذه اللحظة التاريخية في عمر مصرنا الحبيبة؛ بإطلاق نظام التعليم
والتعلم المصري الجديد، والذي تم تصميمه لبناء إنسان مصري مُنتمٍ لوطنه ولأمته العربية
وقارته الإفريقية، مبتكر، مبدع، يفهم ويتقبل الاختلاف، مُتمكّن من المعرفة والمهارات
الحياتية، قادر على التعلم مدى الحياة، وقادر على المنافسة العالمية.

(図8) アラビア文字。エジプトの幼稚園の教科書。「はじめに」の部分。文教大学教育研究所蔵。

荘厳な宗教の場でも十分威厳がありそうです。

日本のお墓の後ろに立っている卒塔婆《そとば》に書かれている文字は、この系統の文字の元祖を縦書きしたものです。

## 子音だけ記す文字体系

「単音文字」には、もっと厳しく、子音だけしか記さないといった文字体系もあります。図4で言うと、「母音は全く表さない」のところに属するものです。母音は、影も形もないのです。

図8をご覧ください。アラビア文字です。そこに記されている文字は、すべて子音です。母音を符号としても記さないのです。母音はあるのですが、文字にも符号にもしません[*8]。

ですから、読む時、どんな母音が入るのかを、自分で推測しながら音読するのです。どこか秘密めいていて、「開けゴ

ቃል ከሁሉ በፊት ነበረ ፤ ቃል በእግዚአብሔር
ዘንድ ነበረ ፤ ይህም ቃል እግዚአብሔር ነበረ ።

（図9）エチオピア文字。『新約聖書』「ヨハネによる福音書」の冒頭文。『言語学大辞典』別巻より。

マ」と言わないと扉が開かない『アリババと四〇人の盗賊』の話の生まれた地域にふさわしい方法だと思えます。

また、ラテン文字と違って、右から左に向かっての横書きです。

多様な文字があることは、こんなにもわくわくと興奮させてくれるものなのです。そればかりではありません。多様な文字化の方法があるからこそ、改変したり、新しい文字を創作することが容易になるのです。

## 改変したり、新しい文字を作り出したりできる

図9をご覧ください。アフリカのエチオピア文字です。もともとは、アラビア文字のように、子音だけを表し、母音は表さないタイプの単音文字の一種だったのですが、四世紀前半に母音を組み込んだ音節文字に改変したのです。[*9] 図9の一

외국 글자로 꾸민 무늬는 많이 있지만 우리글인 한글로 꾸민 무늬는 찾아보기 어렵습니다. 한글로 무늬를 꾸미면 외국 글자로 꾸민 무늬보다 더 아름다운 무늬를 만들 수 있습니다. 내 이름을 이용하여 아름다운 한글 무늬를 꾸며 봅시다.

（図10）ハングル。韓国の小学4年生の国語の教科書。筆者蔵。

行目の左の最初の文字「」は、子音/q/と母音/a/の合体した/qa/の音節を表す文字です。つまり、日本語のひらがな・カタカナと同じく、音節文字の体系に変えたのです。

こんなふうに、思い切って文字の体系を変えることができるのは、多様な文字の在り方の見本があるからです。

さらに、多様な文字の存在は、新しく文字を作り出すことを容易にします。図10をご覧ください。韓国・北朝鮮の文字、ハングルです。両国は、長い間、固有の文字を持たず、中国から借りた漢字で自国のことを記していました。

でも、今から約五〇〇年前の一五世紀の中頃、李氏朝鮮の第四代世宗《セジョン》が当時の新進の学者たちに、朝鮮語を書き表すための固有の文字を作るように命じたのです。[*10] 学者たちは、さまざまな文字を参照して、ハングルを作り上げました。

まず、話し言葉に使っている発音を、子音と母音という最小の単位に分け、それぞれに一定の字形を与えました。次に、それらの子音と母音を組み合わせて、音節文字に仕立て上げたのです。つまり、単音文字を組み合わせて、音節文字にするという合わせ技を使ったのです。

今、ハングルという言葉の「ハン」を例にしてみます。日本語では、二音節ですが、韓国語では、/han/で一音節です。「子音＋母音＋子音」の音節です。韓国語では、「子音＋母音」の組み合わせの他に、「子音＋母音＋子音」の組み合わせが多いのです。「ハン」もその例です。

さて、/han/の子音/h/には「ㅎ」の字形を、母音/a/には「ㅏ」という字形を、子音/n/には「ㄴ」の字形をあてます。つまり単音文字の方式の採用です。次に、これらを一定の方式に従って並べ「한」という音節文字にします。こうして、一音節の「ハン」を表す文字ができあがります。

他の文字も、すべて単音文字の字形を組み合わせて音節文字に仕立て上げて、一文字にするというシステムに従って作られています。実に合理的です。単音文字と音節文字の性質を生かして、両者を組み合わせて作り上げた文字です。

さらに、ハングルの文字は、どれも四角っぽい形をしていますが、これは、表語文字である漢字を意識して作っているためです。なんと、図4の文字の分類に現れるすべての文字の要素を生かして作り上げた文字なのです！

こんなふうに、自分たちの話し言葉に合った文字を新しく作り出すことができるのは、多様な文字が存在するからこそ、です。ラテン文字しかない世界であったら、おそらく単音文字の方式しか思いつかない。多様な文字の存在は、文字を改良したり新しく生み出したりするための原動力になっています。

それぞれの民族が固有の文字を持ち、多様性を維持することが、人間社会の活性化に必要であることがお分かりいただけたでしょうか。

## その他の多様な言語現象も人間の可能性を示唆する

文字以外の発音・文法・文章・語彙に関しても、多様であることは人間の無限の可能性を示唆《しさ》し、人間を鼓舞《こぶ》してくれます。これは、すでにこの本で述べてきたことを思い出していただくだけで具体的に理解していただけるでしょう。

発音に関しては、たとえばアフリカのコイサン語族のクリック音（＝舌打ち音）。舌打ちが発音に使えるなんて、なかなか思いつきません。しかも八〇種類もの舌打ち音を使って音を区別しているのです。人間の発音の仕方に関する可能性が無限に広がっている気がします。

文法に関しては、たとえば、ピピル語（＝ナワト語）。述語を先頭に持ってきて、おまけに主語を最後に述べる。日本語で言えば、「抱きしめた、犬を、子供が」なんですね。特別の効果を狙った文なら、この順序でも生かされますが、すべての文の語順ですからね。この語順は言語学者たちに、人間の認識の仕方からしてありえない語順と言われていたものですが、現実には存在していたんです！　認識の仕方がいかに多様であるかを知ると、人間の可能性の幅が広がります。

文章に関しては、日本語の漢字仮名交じり文をあげたいですね。分かち書きもいらず、しかもすばやく意味のとれる文章が存在しているのです。こうした文章様式の存在も、独創的な発想を引き出せる可能性を示唆してくれます。

語彙に関しては、ナバホ語を思い出していただきたい。動物をランク付けしていましたね。強い動物から弱い動物まで。それが、語順にまで影響を及ぼす強い力を持っていました。「動物語彙」の中が、さらに力の強さによって序列化される言語があるのです。ああ、なんといろんな認識の仕方があるのだろうと感心し、人間の無限のものの捉え方を示唆されます。

こうした言語現象を思い出すだけで、多様性が、人間や社会を活性化してくれていることに気づきます。

## 持続可能な地球環境をつくる

では、次に言葉と連動する文化が多様であることが、いかに人類に役立っているかを述べていくことにします。今度は、文字を持たない少数民族の文化を具体例にします。

現代社会は、ご存じのように、地球環境が著しく悪化しています。先進国をはじめ、多くの国家が根こそぎ地球資源を使ってしまうからです。

そうした現代国家に対して、少数民族の文化は、地球資源を枯渇させずに使っていく方法や、地球を大切にする方法を提示してくれます。

アイヌの口承で伝えられた昔話には、村長の妻がプクサ（＝ギョウジャニンニク）を一本残らず根まで引き抜いてしまい、病気になってしまったという話があります。それは、一本も残さず根まで引き抜いてしまうと翌年の春には芽を出すことができず、プクサの神様が死んでしまうことを教えるための話です。[11]

自然の再生能力を超えない範囲で資源を利用しなければならないことを、昔話を通じてアイヌ民族は習得していました。アイヌの宇梶静江さんも、両親から繰り返し「自然の恵みを全部取ってはいけない」[12]と教えられたと語っています。

また、ＮＨＫ－ＢＳ１の番組「アマゾン　文明の果て」（二〇二一年三月再放送）を見ていたら、アマゾンで自給自足の生活をする民族の長が述べていました、「持続可能性を守りつつ生活している」と。

少数民族の文化は、自然を破壊せずに、自然の恵みを循環させて生活していく知恵を持っているのです。これこそが行き詰まった現代社会への新しい指針の提示です。こうした考え方を現代社会は少しずつ受け入れ、持続可能な地球環境を作ろうと努力し始めています。少数民族の文化が、現代社会の行き詰まりの打開策を提示してくれたのです。

## 失われつつある人間性の回復を促す

時折、現代社会があまりにも物質主義であることにげんなりすることはありませんか？　人を踏み台にして、自分さえよければいいという考え方が蔓延《まんえん》しているように見えます。

国家間でもそうです。自分の国さえよければ、他の国はどうでもいいと。どうでもよくないのです。互いに助け合うからこそ、人類が存続していけるのです。

そうした物質文明に押しつぶされた現代人に、少数民族の人々は、無欲の精神と分かち合いの精神を思い出させてくれます。

言語学者のデイヴィッド・ハリソンさんはこう報告しています。「トゥバ族は少数民族として、貧しく、迫害され、忘れられたまま、かつての大国ロシアの辺境で暮らし、そのロシアからは、遅れ劣った民族、社会の寄生虫と見下されている。しかしトゥバ族には豊かな文化的、精神的財産があるのだ」「トゥバのどこへ行っても、私は兄弟、あるいは息子として迎えられた。驚くべきことに、世話になったトゥバの人々は何ひとつ見返りを期待しなかった[*13]」。

無欲であることと分かち合うことを当然と考えている少数民族の文化こそ、物質文明に対する崇高《すうこう》な精神を思い出させてくれます。物質文明に染まっていない文化は、人類に有用な指針を与えてくれます。

## 言葉の力を再認識させる

言葉に対しても、少数民族の文化は最も根本的なことを思い起こさせてくれます。

現代人の多くは、言葉を単なる記号にすぎないと思い込んでいます。ところが、少数民族の人々の言語観はまるで違っています。言葉が力を持ち、現実と等価であると考えているからです。

オーストラリアのルビビ族の長老は言います、「言葉にどれほど力があるか……。地名を口にすれば、私たちには心でその場所が見える」[*14]と。言葉は現実と等価なのです。この認識の仕方は、われわれの言語観に修正を迫ります。

私たちは、いとも簡単に相手に向かって「死ね！」などのおぞましい言葉を投げかけます。その言葉を受けた人間に、深く深く突き刺さっていくことも意識せずに。自殺した多くの人々は、心ない他者の言葉に傷つき追い詰められ、命を絶っているのです。言葉は、人を殺すこともできるほど、力を持っているのです。

少数民族の言葉に対する認識は、われわれの軽すぎる言語観に修正を迫ります。人類が平和に共存するためには、言葉の力を再認識する必要があることを教えてくれます。

## すばらしい薬草の知識

生きている限り、人間はさまざまな病気にかかります。科学が、それらの病気を克服するために日夜奮闘しています。でも、何千年と受け継がれてきた少数民族の人々の薬草の知恵も、重大な病気に効く薬の発見に寄与しています。

言語学者のニコラス・エヴァンズさんは、南太平洋にあるサモアの伝統的治療師エペネサ・マウイゴアが民族植物学者のポール・アレン・コックスと協力し合って、タイプ1のHIVに有効な薬の発見に寄与した事実を報告しています。[*15]

また、デイヴィッド・ハリソンさんが報告しているボリビアのカラワヤ族が持っている薬草についての知恵[*16]も、人類の病気に対する知恵を授けてくれそうです。彼らは、カラワヤ語という秘密の混合言語を使って、父から息子へ、祖父から孫へと薬草を用いた治療法を伝授しています。*17

こうした先住民の薬草に対する知識が、現代の漢方薬に生かされています。「世界中で使われている一二一の植物由来の処方箋のうち、七五%近くは、先住民の薬草の知識を基礎として開発された。*18」と指摘されています。

もし、単一の文化になってしまっていたら、これまで述べてきたような、①地球環境を整えるための指針、②人間性回復のための気づき、③言葉の力の再認識、④伝承による薬草の知識などは、得られなかったことになります。多様な文化が、現代社会の行き詰まりを打開してくれています。

そして、もう一度、文字を例にして述べたことを思い出してください。⑤多様な文字があるからこそ、改良したり、創造する力が容易に生まれてきていたことを。さらに、⑥発音・文法・敬語・文章・語彙における多様性が、人間の無限の可能性を示唆し、人間を勇気づけ、社会を活性化していることを。多様な言語や文化は、人類の救世主なのです。

## 少数民族の言語でも存続できる秘訣は

ですから、どの民族にとっても、自分たちの言語と文化を大事にすることが、結果として人類のためになります。日本人も安易に世界共通語の英語にのりかえてはいけないのです。自分たちの民族の言葉を守ることこそ、人類に寄与できる道なのです。

では、日本人は日本語を守るために、どうすべきなのでしょうか？　すでに、第四章で、意識すべき注意事項を述べました。ここでは、それらの意識の根源になっている精神面の話です。いよいよ、この章の最後のテーマに入ります。

このテーマに、重要な示唆を与えてくれるのは、自分たちの言語に誇りを持ち、それを守り抜こうとする不屈の精神を持った少数者言語の話し手たちです。

たとえば、ネイティブ・アメリカンのマカ族。[*19] 日本人と同じく、捕鯨《ほげい》を行なっている民族です。一八五五年には、自分たちが定住していたオリンピック半島の大半と引き換えに捕鯨の権利を認めさせた部族です。

一時コククジラが絶滅危惧種になり、捕鯨は禁止されましたが、十分に増加したため再開しています。一九九八年には、カナダのバンクーバー島に住むネイティブ・カナデイアンの部族も、マカ族の捕鯨再開に合わせて自分たちも復活させたいと表明しているほど、影響力のある部族です。

高齢者しか話せなかったマカ語を、最近は若者たちが継承しようと努力しています。彼らの言語が消滅しないのは、自分たちの言語に対する自信と誇りを持っているからです。

言語学者のデイヴィッド・ハリソンさんは言います。「とうの昔に支配的な言語に屈していてもおかしくない状況で、なぜ一部の言語だけは過酷な状況に抵抗できるのだろうか。マカ族の守りつづける態度――自分たちの優れた文化に対する自信かもしれないし、単純に民族としての歴史に深い畏敬《いけい》の念を抱いているのかもしれない――が彼らのちっぽけな言語を支えているのだろう[20]」。「ちっぽけな」は、気の毒ですが、一二〇〇人程度の少数者言語なのです。

さらに、インドの北東部でデイヴィッド・ハリソンさん自身が発見した少数者言語コロ語について、こう言っています、「話者が民族の言語に対するプライドを持っているのだ。先祖から伝わる言葉に高い価値を見いだせばこそ、それを話しつづけようという努力ができるのである」[*21]と。

言語学者のニコラス・エヴァンズさんは、オーストラリアのアボリジナルの言語であるムパントウェ・アランダ語が、今日、都会においても生き残っている唯一の言語である理由について、次のように述べています。「アランダ語話者たちの、英語をものともせず自分たちの言語を継承しようとする、その不屈の精神」があるからだと。[*22]

少数者言語であるにもかかわらず、存在し続けている言語があることは、私たちに勇気を与え、その秘訣《ひけつ》を教えてくれます。

## 日本語に自信と誇りを持って

日本人も、母語である日本語の大切さを意識し、日本語に自信と誇りを持つことです。

日本語は、独自性を持った極めてチャーミングな言語です。第六章・第七章で述べたことを思い出してください。

日本語は、音節言語で極めて発音しやすく、外国人にも学びやすい。のみならず、ほとんど母音で終わる開音節性で、響きの美しい言語でした。さらに、重要な役割を持った語を後ろに配するという一貫性のある文の構造をしていましたね。そして、常に相手の遇《ぐう》し方に気を配り、敬語という特別な言語形式を持っていました。しかも、相手との心理的な距離によって臨機応変に言語形式を変えるというユニークな相対敬語の言語だったではないですか。

また、ひらがな・カタカナという、世界にたった一つしかない文字を千年以上も使い続けていましたね。文章は、漢字にひらがな・カタカナを交ぜて記し、この上なく意味のとりやすい効率的な様式を採用していました。そして、語彙の豊かさにかけては、世界のトップクラス。とくに、心理を表す語彙は、極めて豊富。

さらに、概して、漢字は漢語を、ひらがなは和語を、カタカナは外来語や擬音語・擬態語を表すというぐあいに、文字で語の出自《しゅつじ》や性質まで区別している。おまけに、フリガナまで動員して、意味の豊かさを追求する。こんな面白い言語が、どこにあるでしょうか？　世界中探したって、日本語以外には見つかりません。

独自性を持った言語ほど、人類の進歩に役に立ちます。日本語は、粗末にしてはいけない価値を持っている言語です。

どうか、そのことに気づいてください。こうした特色を持った日本語に支えられて、日本独自の文化が生まれているのです。

奈良時代にはすでに、他の言語では決して真似《まね》できない短歌という独自の文学形態を生み出し、平安時代には、世界の人に読んでもらえるような巧みな心理描写を駆使した傑作を誕生させています。現代だって、日本語の特質であるオノマトペをふんだんに使ったコミックで、世界中の若者たちを魅了しているではありませんか。日本人自身が、日本語に対する積極的な価値を見出《みいだ》し、誇りと自信を持って守らなければ、誰も日本語を守ってはくれないのです。言語学者のデイヴィッド・ハリソンさんは、こう言い切っています。「私が確信していることはただ一点、言語が外部の人間によって『救われる』ことはありえないということだ[*23]」。

日本人が日本語を守らなければ、日本語は消滅するのです！

## 子供たちに伝えてください

そして、日本語を子供たちに喜んで教えてあげてください。日本語を存続させるためには、子供たちへのしっかりした日本語の教育こそが生命線なのです。

消滅の危機に見舞われながらも、なんとか復興の道を歩んだ言語は、いずれも幼児からの母語教育プログラムを施したことによって成功しています。たとえば、マオリ語。[*24]

ニュージーランドの先住民であるマオリ族の言語です。

マオリ語は、一八六〇年頃には、西欧からの入植者や宣教師、金の採掘者や商人たちの使う英語に押されて少数者言語になってしまいました。学校教育でも西欧化を進めるために、マオリ語はカリキュラムから外されてしまい、英語学習者が増加の一途をたどりました。一九〇〇年頃にはマオリ語を話す人は激減。一九八〇年頃には、マオリの人々のうち、マオリ語を母語として話す人は人口の二〇%未満になってしまい、消滅の危機に陥ったのです。

けれども、マオリの政治家たちが、自分たちの言語の消滅の危険性を認識し始め、一九八二年には幼児期から学校に上がる前の段階まで、マオリ語を教えるプログラムを始め、その後マオリ語を教える期間をどんどん延ばし、一三歳までの教育プログラムにしました。

ついに一九八七年には、マオリ語が英語に並んでニュージーランドの公用語の一つに認定されたのです。

また、ハワイ語も同様な手法で復興させようとしています。ハワイ語は、ポリネシア系の先住民族の言語です。アメリカの英語同化政策によって、ハワイ語は消滅の瀬戸際まで追い込まれていました。[*25]

ですが、一九七〇年代には、ハワイ語を復興しようとする先住民の「ハワイ文化復興運動」が起こり[*26]、一九八〇年代には、幼児にハワイ語を使って学習させるという試みを開始。さらに年少の児童を対象とした私立のハワイ学校を開設したりして、復興に努めています。

これらの例から、子供たちに自分たちの民族の言葉を学ばせることが、その言語の存続の鍵になっていることが分かります。どうか、このことを意識し、子供たちに豊かな日本語を教えてあげてください。

## 絶対に心配はいらない？

日本語学者の金田《きんだ》一《いち》春彦さんは、今から三五年前にこう述べています、「日本語はだんだん影を薄くしていって、しまいにはなくなってしまうのではないかと心配する人があるようだ。ことに近頃、英語からの外来語がふえ、また生の英語が跳梁《ちょうりょう》することで、英語にとって代わられるのではないかと懸念する人があるようだ。が、これは絶対に心配はいらない[*27]」と。

私も、そう言いたい。でも、私には言えません。時代が大きく変わってきています。世界共通語の英語に押されて、日本語はもっと危険な状況にさしかかっていると思えるからです。

英語教育学者の鳥飼《とりかい》玖《く》美子《みこ》さんも、述べています、「英語さえできれば、という思い込みが行き渡った社会状況は、母語の軽視に繋がらないであろうか。日本語の継承が揺らぐことはないであろうか。日本語の将来は、英語を抜きには語れないことを直視せざるを得ない時代に入っている[*28]」と。

ＩＴ社会に突入してからは、英語が世界共通語になっています。そして英語を話したほうが、いや話せなければ、取り残される危険性が高くなっています。現に、日本の会社なのに、英語を社内公用語にすると明言し、実施している会社も出てきています。

アイルランドの人々が自らの意志でアイルランド語を捨てて英語にのりかえているように、日本人も自ら日本語を捨てて英語にのりかえる人が多くなる可能性があります。英語を話せなければ、世界に置いていかれるとばかりに。

そして、今や日本は小学校から英語教育を施し、中学校では英語の授業時間数が国語の時間数を超えています。政策は、「国民総バイリンガル」を目指す方向に動いています[*29]。それは、やがて、世界共通語の英語モノリンガルに連なる道なのです。

そうした動向に対して、「ちょっと待って。この本で述べてきたようなリスクがあるのよ。本当に英語にのりかえていいの？　独自性を持ち、人類の貴重な財産でもある日本語を捨てて？」と、あなたに問いかけたかったのです。

日本語を母語として大切にしなかった報いは、自分の拠《よ》って立つアイデンティティを失うという形で、遠からぬ時期にやってきます。いな、刻々と日本人全体に、音もなく近づいてきています。その音なき近づきに早く気づいて、きちんと決意をしておかなければなりません。日本語を大切にしよう。日本語は自分を支えている言語なのだという意識をしっかり持とう。そのうえで、世界共通語を効率的に学んでいこう、と。

## 決意に満ちた心

最後に、私の心に残り続けるジョン・グーレさんの詩の一部を引用して結びにしたいと思います。[*30]

死にゆく言葉はそっと崩れ落ちる
あの村でもこの村でも
静かに倒れていく――叫ぶこともなく
泣きわめくこともない
さらりと、ふいにいなくなる
鋭い目を持たなければ
その静かな破滅に気づかない
そしてつつましく、決意に満ちた心がなければ

## それを止めることはできない

鋭い目を持たなければ、世界言語から見ると、一地方語にすぎない日本語に静かに忍び寄る破滅に気づかないのです。それを未然に防ぐのは、つつましく決意に満ちた日本人の心なのです。

# あとがき

## 書かなければと思い続けたテーマ

二〇〇六年に、私は、『日本語の歴史』（岩波新書）を出版しました。幸いこの新書は多くの方に読んでいただき、感謝の気持ちでいっぱいです。その本の序章は「日本語がなくなったら」。日本語がなくなったら、どうなるのかという問題を考えてみた短い導入部です。この時すでに、日本語の危機を感じていました。いつか、このテーマできちんと書かなければと思っていました。

すると、二〇〇八年には、作家の水村美苗《みなえ》さんが『日本語が亡びるとき―英語の世紀の中で―』（筑摩書房）という本を出されました。作家的見地から日本語の将来を案じている含蓄《がんちく》に富むすばらしい本です。こういう本が出されることは、身近に迫る日本語の危機を日本人がどこかで感じている証拠です。私だけではないのです。

私は、その後大腸がんを患《わずら》い手術。それから四年後には今度は膵臓《すいぞう》がんになってしまい、手術。ようやく健康を取り戻しつつあった時、それまでの自分の日本語学関係の研究をまとめておく必要を感じ、『山口仲美著作集』全八巻（風間書房）を刊行しました。刊行し終わっても、まだ、寿命が残っているようでした。

せっかく生かしていただいているのだから、ずっと気になっていた日本語の危機についてきちんと考えてみよう。そう思っていた時に、専門雑誌『日本語学』（明治書院）への連載を打診されました。「日本語が消滅する時」を書きたいと言いましたら、編集会議を通過し、二〇二一年九月から連載を開始しました。一回の枚数が四〇〇字詰めの原稿用紙にして三〇枚から四〇枚。全八回の連載です。季刊でしたので、一年に四回の刊行。二年がかりで、ようやく完成しました。

## 幻冬舎さんから声をかけていただく

『日本語学』に連載の二回目が掲載された時、幻冬舎新書の編集長・小木田《こぎた》順子さんから、古典関係の本の依頼と同時に、『日本語学』連載の単行本化のお誘いを受けました。

古典関係の本は、そのうちに執筆することを約束しましたが、連載の単行本化は、留保しました。

　というのは、同じく幻冬舎の編集者・四本《よつもと》恭子さんから、以前に日本語学関係の本の依頼を受けたのですが、忙しくて依頼を遂行できなかったことを思い出したからです。その時の穴埋めをしたいと思ったのです。

　でも、原稿が気に入ってもらえるかどうかは不明です。連載も四回目になると、だいぶ目鼻が付いてきました。そこで、四本さんにそれまでの原稿を読んで感想を述べてもらうことにしました。彼女は、律義に原稿を読んでくれ、開口一番、「まず感想を述べる前に、幻冬舎からこの原稿を本にして出させていただけますか？」と言ってくださったのです。

　どうやら、原稿は、専門外の人にも分かってもらえる形をしているらしい。小木田さんにも事情を話し、四本さんにこの本の直接の編集担当になっていただきました。

## 単行本化にあたって

第八回の連載原稿ができあがった直後から、単行本にするための準備を始めました。少しでも理解しやすい本にしたかったので、連載時の原稿に加筆修正を施しました。その際、四本さんの的を射た質問が大いに参考になりました。ありがとうございます。

また、彼女と知恵を出し合い、連載原稿にはない図版や挿絵を追加していきました。雰囲気のある挿絵を、なかがわみさこさんに描いていただけたのも、うれしいことでした。

第八章で使用した外国の教科書のいくつかは、文教大学教育研究所の手嶋將博先生、山川智子先生、河口恭子さんのご厚意により、閲覧・引用することができました。心から御礼申し上げます。

最後に、この本をお読みくださったあなたに。日本語を愛し、いつくしみ、継承していく気持ちを持っていただけたなら、これ以上の喜びはありません。ほんとうにありがとう！

二〇二三年三月一九日　　山口仲美

# 注

## 第一章

＊1—「新学習指導要領で小学校の授業時数等がこう変わる（中学校時数併記）」https://www.programming-edu.com/2018/04/09/jisuu 二〇二一年三月一九日閲覧。

＊2—宮島達夫「世界の言語と日本語の将来」『ことばと文字』公益財団法人日本のローマ字社、一号、二〇一四年四月。

＊3—ダニエル・ネトル、スザンヌ・ロメイン著、島村宣男訳『消えゆく言語たち—失われることば、失われる世界—』新曜社、二〇〇一年五月。

＊4—「Ethnologue-Languages of the World　第24版へようこそ」https://www.ethnologue.com/athnoblog/gary-simons/welcome-24th-edition　二〇二一年三月一〇日閲覧。

＊5—松本克己「世界の言語—その現状と未来—」（「二一世紀後半の言語」シンポジウム企画班編『二一世紀後半の世界の言語はどうなるのか—情報化・国際化のなかの言語—』明石書店、二〇〇五年九月、所収）。

＊6—「危機に瀕する言語」https://ja.wikipedia.org/wiki/危機に瀕する言語　二〇二一年四月二八日閲覧。

＊7—「世界人口白書二〇二三」https://tokyo.unfpa.org/ja/SWOP　二〇二三年四月三〇日閲覧。

＊8—「（1）世界の母語人口（上位20言語）：文部科学省」https://www.mext.go.jp/b_menu/shingi/chukyo/chukyo3/004/siryo/attach/1379956.htm　二〇二一年二月二七日閲覧。

＊9—海外での日本語教育の詳しい実態については、国際交流基金が三年ごとに報告を出している。https://www.jpf.go.jp/j/project/japanese/survey/result/survey18.html　二〇二一年六月三日閲覧。

＊10—「List of languages by total number of speakers」https://en.wikipedia.org/wiki/List_of_languages_by_total_number_of_speakers　二〇二一年二月二日閲覧。

＊11―「消滅危機言語の一覧」https://ja.wikipedia.org/wiki/消滅危機言語の一覧　による。二〇二一年三月五日閲覧。なお、「ユネスコ世界危機言語アトラス・リスト」https://www.hasegawadai.com/world-heritage/世界遺産リスト−ランキング/ユネスコ世界危機言語アトラス/　も参照した。二〇二一年三月三〇日閲覧。

＊12―マイケル・クラウス「言語の大量消滅と記録―時間との競争―」（宮岡伯人・崎山理編『消滅の危機に瀕した世界の言語―ことばと文化の多様性を守るために―』明石書店、二〇〇二年七月、所収）。

＊13―ニコラス・エヴァンズ著、大西正幸・長田俊樹・森若葉訳『危機言語―言語の消滅でわれわれは何を失うのか―』京都大学学術出版会、二〇一三年二月。

＊14―小林隆「危機に瀕した言語を救え！⑩　日本語方言の危機に臨んで」『言語』二八巻一〇号、一九九九年一〇月。

＊15―ニコラス・エヴァンズ著、大西正幸・長田俊樹・森若葉訳『危機言語―言語の消滅でわれわれは何を失うのか―』京都大学学術出版会、二〇一三年二月。

＊16―R・M・W・ディクソン著、大角翠訳『言語の興亡』岩波書店、二〇〇一年六月。

＊17―田村すず子「アイヌ語」（『言語学大辞典』巻一、三省堂、一九八八年三月、所収）。

＊18―村崎恭子「危機に瀕した言語を救え！⑫　アイヌ語の一方言がなくなるということ」『言語』二八巻一二号、一九九九年一二月。

＊19―正式名称は、「アイヌ文化の振興並びにアイヌの伝統等に関する知識の普及及び啓発に関する法律」。

＊20―「消滅危機言語の一覧」https://ja.wikipedia.org/wiki/消滅危機言語の一覧　および「ユネスコ世界危機言語アトラス・リスト」https://www.hasegawadai.com/world-heritage/世界遺産リスト−ランキング/ユネスコ世界危機言語アトラス/　二〇二一年三月三〇日閲覧。

＊21―「消滅寸前の少数民族言語を守ることはその世界観を守ること」https://courrier.jp/news/archives/160752/　二〇二一年五月八日閲覧。鄂倫春語《オロチョンご》は、ユネスコの消滅危機言語には出てこない。

＊22―福井玲「危機に瀕した言語を救え！⑨　アジア各地の朝鮮語の現状」『言語』二八巻九号、一九九九年九月。

＊23―角道正佳「危機に瀕した言語を救え！⑥　中央アジア諸言語の現状と課題」『言語』二八巻六号、一九九九年六月。

＊24―「二一世紀後半の言語」シンポジウム企画班編『二一世紀後半の世界の言語はどうなるのか―情報化・国際化のなかの言語―』（明石書店、二〇〇五年九月）での言語学者・池田巧さんの発言による。

＊25―ドン・クリック著、上京恵訳『最期の言葉の村へ―消滅危機言語タヤップを話す人々との三〇年―』原書房、二〇二〇年一月。

＊26―ヨシムラナナミ「言語多様性の謎：パプアニューギニア」https://globalnewsview.org/archives/8536　二〇二一年三月一九日閲覧。

＊27―ドン・クリック著、上京恵訳『最期の言葉の村へ―消滅危機言語タヤップを話す人々との三〇年―』原書房、二〇二〇年一月。

＊28―崎山理「太平洋地域における危機言語とその問題点」『国立民族学博物館調査報告』三九巻、二〇〇三年六月。

＊29―「世界で二六八〇の先住民族言語が消滅の危機に　国連プロジェクト始まる」https://www.afpbb.com/articles/-/3209374　二〇二一年五月二一日閲覧。

＊30―「〈教育学〉先住・少数民族の言語・文化の消滅と維持・復興」https://www.waseda.jp/inst/weekly/academics/2017/06/16/25267/　二〇二一年五月一〇日閲覧。

＊31―「インドで二〇〇言語が絶滅！　消えゆく言語が、世界にはこんなにある！」https://kurukura.jp/news/170810-7.html　二〇二一年五月八日閲覧。

＊32―津曲敏郎「危機に瀕した言語を救え！⑤　北アジア諸言語は今―近代化と伝統のはざまで―」『言語』二八巻五号、一九九九年五月。エカテリーナ・オパリナ「ロシアの超少数民族―人口が五〇〇人以下で消滅が危惧―」https://jp.rbth.com/arts/82393-roshia-choushousuu-minzoku　二〇二一年四月二四日閲覧。

＊33―呉人恵『危機言語を救え！―ツンドラで滅びゆく言語と向き合う―』大修館書店、二〇〇三年六月。

＊34―梶茂樹「無文字社会のことばと知恵―アフリカ社会における文化の伝承―」（大角翠編著『少数言語をめぐる10の旅―フィールドワークの最前線から―』三省堂、二〇〇三年三月、所収）。

＊35―『世界民族言語地図』R・E・アシャー、クリストファー・モーズレイ編、土田滋、福井勝義日本語版監修、福井正子訳、東洋書林、二〇〇〇年六月。

＊36―鹿嶋友紀「サブサハラ・アフリカの言語政策の取り組みと今後の課題―教授言語を中心とする政策課題―」『国際教育協力論集』広島

大学教育開発国際協力研究センター、八巻二号、二〇〇五年一〇月。
＊37―鈴木雅光「危機言語について」『dialogos』九号、二〇〇九年三月。http://id.nii.ac.jp/1060/00004970/　二〇二一年三月一九日閲覧。
＊38―ベンジー・ウォールド「サハラ以南のアフリカ」（『世界民族言語地図』R・E・アシャー、クリストファー・モーズレイ編、土田滋、福井勝義日本語版監修、福井正子訳、東洋書林、二〇〇〇年六月、所収）。
＊39―R・M・W・ディクソン著、大角翠訳『言語の興亡』岩波書店、二〇〇一年六月。
＊40―渡辺己「危機に瀕した言語を救え！④　抑圧と同化のなかで消えてゆく北米インディアン諸語」『言語』二八巻四号、一九九九年四月。
＊41―八杉佳穂「危機に瀕した言語を救え！③　文明の衝突と言語の力―中米諸語の存亡―」『言語』二八巻三号、一九九九年三月　を参考にした。
＊42―「ブラジルの先住民」https://ja.wikipedia.org/wiki/ブラジルの先住民　二〇二一年五月六日閲覧。黒澤直俊「ブラジルの言語」（富野幹雄・住田育法編『ブラジル学を学ぶ人のために』世界思想社、二〇〇二年七月、所収）も参考になる。
＊43―ニコラス・エヴァンズ著、大西正幸・長田俊樹・森若葉訳『危機言語―言語の消滅でわれわれは何を失うのか―』京都大学学術出版会、二〇一三年二月、参照。
＊44―R・M・W・ディクソン著、大角翠訳『言語の興亡』岩波書店、二〇〇一年六月。
＊45―宮岡伯人「危機に瀕した言語を救え！①　危機に瀕した言語―崩れゆく言語と文化のエコシステム―」（『言語』二八巻一号、一九九九年一月）、崎山理「崎山補説」（『二一世紀後半の言語』シンポジウム企画班編『二一世紀後半の世界の言語はどうなるのか―情報化・国際化のなかの言語―』明石書店、二〇〇五年九月、所収）、呉人恵『危機言語を救え！―ツンドラで滅びゆく言語と向き合う―』（大修館書店、二〇〇三年六月）など。
＊46―ドン・クリック著、上京恵訳『最期の言葉の村へ―消滅危機言語タヤップを話す人々との三〇年―』原書房、二〇二〇年一月。
＊47―「消滅寸前の少数民族言語を守ることはその世界観を守ること」https://courrier.jp/news/archives/160752/　参照。二〇二一年五月八日閲覧。
＊48―大角翠「言語のモザイク模様」（大角翠編著『少数言語をめぐる10の旅―フィールドワークの最前線から―』三省堂、二〇〇三年三月、所

収）。

＊49—鹿嶋友紀「サブサハラ・アフリカの言語政策の取り組みと今後の課題—教授言語を中心とする政策課題—」『国際教育協力論集』広島大学教育開発国際協力研究センター、八巻二号、二〇〇五年一〇月からの引用。

＊50—K・デイヴィッド・ハリソン著、川島満重子訳『亡びゆく言語を話す最後の人々』原書房、二〇一三年四月。

## 第二章

＊1—K・デイヴィッド・ハリソン著、川島満重子訳『亡びゆく言語を話す最後の人々』原書房、二〇一三年四月。

＊2—ドン・クリック著、上京恵訳『最期の言葉の村へ—消滅危機言語タヤップを話す人々との三〇年—』原書房、二〇二〇年一月。

＊3—山口仲美『日本語の歴史』岩波書店、二〇〇六年五月、参照。

＊4—崎山理「崎山補説」（『二一世紀後半の言語』シンポジウム企画班編『二一世紀後半の世界の言語はどうなるのか—情報化・国際化のなかの言語—』明石書店、二〇〇五年九月、所収）。

＊5—「アボリジニ」https://ja.wikipedia.org/wiki/アボリジニ　二〇二一年五月二八日閲覧。

＊6—ドン・クリック著、上京恵訳『最期の言葉の村へ—消滅危機言語タヤップを話す人々との三〇年—』原書房、二〇二〇年一月。

＊7—「インドネシアの五〇言語が消滅の危機—地方語重視を求める—」https://indonesia-news.biz/?p=5200　二〇二一年五月二五日閲覧。

＊8—宇梶静江『大地よ！—アイヌの母神、宇梶静江自伝—』藤原書店、二〇二〇年三月。

＊9—紀元前一四〇〇年の説もある。笹原宏之「漢字」のⅢ（『言語学大辞典』別巻、三省堂、二〇〇一年七月、所収）参照。

＊10—出現時期については諸説があるが、ここではロジャー・ウダード「第9章　文字体系」（『新訂　世界言語文化図鑑—世界の言語の起源と伝播—』バーナード・コムリー、スティーヴン・マシューズ、マリア・ポリンスキー編、片田房訳、東洋書林、二〇〇五年一月、所収）に従った。

＊11—柴田紀男「バタク文字」（『言語学大辞典』別巻、三省堂、二〇〇一年七月、所収）。

＊12―「バタク・トバ語」https://ja.wikipedia.org/wiki/バタク・トバ語　二〇二一年六月一七日閲覧。

＊13―デイヴィッド・ブラッドリー「東および東南アジア」（『世界民族言語地図』R・E・アシャー、クリストファー・モーズレイ編、土田滋、福井勝義日本語版監修、福井正子訳、東洋書林、二〇〇〇年六月、所収）。

＊14―「注13」に記した文献にすでに、「消滅寸前」と記されていたが、英語版ウィキペディア「Nyah Kur language」によると、二〇〇六年時点で一五〇〇人の話者がいる。

＊15―ロジャー・ウダード「第9章　文字体系」（『新訂　世界言語文化図鑑―世界の言語の起源と伝播―』バーナード・コムリー、スティーヴン・マシューズ、マリア・ポリンスキー編、片田房訳、東洋書林、二〇〇五年一月、所収）。「チェロキー」https://ja.wikipedia.org/wiki/チェロキー　二〇二一年六月二一日閲覧。

＊16―ロジャー・ウダード「第9章　文字体系」（『新訂　世界言語文化図鑑―世界の言語の起源と伝播―』バーナード・コムリー、スティーヴン・マシューズ、マリア・ポリンスキー編、片田房訳、東洋書林、二〇〇五年一月、所収）。「世界の文字　クリー文字」https://www.chikyukotobamura.org/muse/wr_namerica_6.html　二〇二一年六月一七日閲覧。

＊17―松本克己「エトルリア語」（『言語学大辞典』巻一、三省堂、一九八八年三月、所収）。「エトルリア語」https://ja.wikipedia.org/wiki/エトルリア語　二〇二一年六月二二日閲覧、「エトルリア文字」https://ja.wikipedia.org/wiki/エトルリア文字　二〇二一年六月二二日閲覧。

＊18―土居敏雄「アイルランド語」（『言語学大辞典』巻一、三省堂、一九八八年三月、所収）。「アイルランド語」https://ja.wikipedia.org/wiki/アイルランド語　二〇二一年六月一四日閲覧。

＊19―二〇二二年一月五日にNHKテレビの番組「大ピラミッドの秘密大発見！―世界を驚かせた「最古のパピルス」大発掘！―」で、ちょうどこのことが取り上げられていた。

＊20―松本克己「ヒッタイト語」（『言語学大辞典』巻三、三省堂、一九九二年一月、所収）。「ヒッタイト語」https://ja.wikipedia.org/wiki/ヒッタイト語　二〇二一年六月二一日閲覧。

＊21―西田龍雄「西夏文字」（『言語学大辞典』別巻、三省堂、二〇〇一年七月、所収）。

＊22―「Singapore Stone」https://en.wikipedia.org/wiki/Singapore_Stone　二〇二一年六月一九日閲覧。

＊23―柴田紀男「ラパヌイ文字」（『言語学大辞典』別巻、三省堂、二〇〇一年七月、所収）。「ロンゴロンゴ」https://ja.wikipedia.org/wiki/ロンゴロンゴ　二〇二一年六月一九日閲覧。

＊24―ロジャー・ウダード「第9章　文字体系」（『新訂　世界言語文化図鑑―世界の言語の起源と伝播―』バーナード・コムリー、スティーヴン・マシューズ、マリア・ポリンスキー編、片田房訳、東洋書林、二〇〇五年一月、所収）。

＊25―凸版印刷の調査による。山口仲美「付編　国語審議会の終焉―国語施策百年史の一コマとして―」（『山口仲美著作集　七』風間書房、二〇二〇年五月、所収）参照。

＊26―山口文彦「未解読言語の解析技術」『人工知能』三一巻六号、二〇一六年一一月。

## 第三章

＊1―クロード・アジェージュ著、糟谷啓介訳『絶滅していく言語を救うために―ことばの死とその再生―』白水社、二〇〇四年三月。「巨大噴火の衝撃」https://globe.asahi.com/article/11566019　「タンボラ山」https://ja.wikipedia.org/wiki/タンボラ山　ともに二〇二一年七月八日閲覧。

＊2―「史上最大の噴火は世界をこれだけ変えた」https://natgeo.nikkeibp.co.jp/atcl/news/15/041500050/　二〇二一年七月八日閲覧。

＊3―デイヴィッド・クリスタル著、斎藤兆史・三谷裕美訳『消滅する言語―人類の知的遺産をいかに守るか―』中央公論新社、二〇〇四年一一月。「干ばつが招く食料不足、栄養不良、貧困、テロ」https://ja.news.wfp.org/18-16-2391693726 1a　二〇二一年八月七日閲覧。

＊4―デイヴィッド・クリスタル著、斎藤兆史・三谷裕美訳『消滅する言語―人類の知的遺産をいかに守るか―』中央公論新社、二〇〇四年一一月。

＊5―この日記は、ニューサウスウェールズ州立図書館で管理されているという。ダニエル・ネトル、スザンヌ・ロメイン著、島村宣男訳『消えゆく言語たち―失われることば、失われる世界―』新曜社、二〇〇一年五月。町田健『言語が生まれるとき・死ぬとき』大修館書店、二〇〇一年一月。クロード・アジェージュ著、糟谷啓介訳『絶滅していく言語を救うために―ことばの死とその再生―』白水社、二〇〇四年三月。

「#04インディアン・アボリジニの悲劇」https://history.ceburyugaku.jp/84773　および板井和也「今も終わらぬ戦い―『絶滅』した先住民の子孫　オーストラリア―」https://www.47news.jp/4625895.html　二〇二〇年三月一八日　共同通信、ともに二〇二一年七月七日閲覧。

＊6―クロード・アジェージュ著、糟谷啓介訳『絶滅していく言語を救うために―ことばの死とその再生―』白水社、二〇〇四年三月。「エルサルバドル」https://ja.wikipedia.org/wiki/エルサルバドル　二〇二一年七月六日閲覧。

＊7―クロード・アジェージュ著、糟谷啓介訳『絶滅していく言語を救うために―ことばの死とその再生―』白水社、二〇〇四年三月。「ナワトル語」https://ja.wikipedia.org/wiki/ナワトル語　二〇二一年七月六日閲覧。

＊8―八杉佳穂「ピピル語」『言語学大辞典』巻三、三省堂、一九九二年一月。

＊9―「語順」『言語学大辞典』巻六、三省堂、一九九六年一月。

＊10―「ヤーガン族」https://ja.wikipedia.org/wiki/ヤーガン族　二〇二一年七月七日閲覧。「ヤーガン語」https://ja.wikipedia.org/wiki/ヤーガン語　二〇二一年九月六日閲覧。

＊11―宮岡伯人「ヤーガン語」『言語学大辞典』巻四、三省堂、一九九二年一月。

＊12―Laura Penagos Peña「Casa Arana: la masacre que José Eustasio Rivera sacó del olvido」https://lanzasyletras.com/casa-arana-la-masacre-que-jose-eustasio-rivera-saco-del-olvido/　二〇二一年七月一三日閲覧。

＊13―宇梶静江『大地よ！―アイヌの母神、宇梶静江自伝―』藤原書店、二〇二〇年三月。

＊14―この文章は、宇梶静江『大地よ！―アイヌの母神、宇梶静江自伝―』（藤原書店、二〇二〇年三月）に引用掲載されたもの。

＊15―クロード・アジェージュ著、糟谷啓介訳『絶滅していく言語を救うために―ことばの死とその再生―』白水社、二〇〇四年三月。

＊16―K・デイヴィッド・ハリソン著、川島満重子訳『亡びゆく言語を話す最後の人々』原書房、二〇一三年四月。

＊17―マサイ語の分布は、『世界民族言語地図』（R・E・アシャー、クリストファー・モーズレイ編、土田滋、福井勝義日本語版監修、福井正子訳、東洋書林、二〇〇〇年六月、所収）によって作成した。

＊18―クロード・アジェージュ著、糟谷啓介訳『絶滅していく言語を救うために―ことばの死とその再生―』白水社、二〇〇四年三月。

＊19―柘植洋一「ヤアク語」『言語学大辞典』巻四、三省堂、一九九二年一月。

＊20―クロード・アジェージュ著、糟谷啓介訳『絶滅していく言語を救うために―ことばの死とその再生―』白水社、二〇〇四年三月。

＊21―ドン・クリック著、上京恵訳『最期の言葉の村へ―消滅危機言語タヤップを話す人々との三〇年―』原書房、二〇二〇年一月。崎山理「太平洋地域における危機言語とその問題点」『国立民族学博物館調査報告』三九巻、二〇〇三年六月。

＊22―降幡正志「多層な文化を支える言語―インドネシア・西部ジャワ―」（大角翠編著『少数言語をめぐる10の旅―フィールドワークの最前線から―』三省堂、二〇〇三年三月、所収）。

＊23―K・デイヴィッド・ハリソン著、川島満重子訳『亡びゆく言語を話す最後の人々』原書房、二〇一三年四月。

＊24―鋤田智彦「清代における言語接触」『岩手大学人文社会科学部創立40周年記念国際シンポジウム報告書』岩手大学人文社会科学部、二〇一九年三月。「満州語」https://ja.wikipedia.org/wiki/満州語　二〇二一年七月一六日閲覧。

＊25―鋤田智彦「清代における言語接触」『岩手大学人文社会科学部創立40周年記念国際シンポジウム報告書』岩手大学人文社会科学部、二〇一九年三月。

＊26―津曲敏郎「満州語」『言語学大辞典』巻四、三省堂、一九九二年一月。鋤田智彦「清代における言語接触」『岩手大学人文社会科学部創立40周年記念国際シンポジウム報告書』岩手大学人文社会科学部、二〇一九年三月。

＊27―町田健『言語が生まれるとき・死ぬとき』大修館書店、二〇〇一年一月。

＊28―「ジャガイモ飢饉」https://ja.wikipedia.org/wiki/ジャガイモ飢饉　二〇二一年七月三〇日閲覧。

＊29―クロード・アジェージュ著、糟谷啓介訳『絶滅していく言語を救うために―ことばの死とその再生―』白水社、二〇〇四年三月。「アイルランド語」https://ja.wikipedia.org/wiki/アイルランド語　二〇二一年八月六日閲覧。

＊30―山口仲美『日本語の歴史』岩波書店、二〇〇六年五月。

＊31―《日本語の歴史》編集部『日本語の歴史1　民族のことばの誕生』平凡社、一九六三年九月。

＊32―篠田謙一『新版　日本人になった祖先たち―DNAが解明する多元的構造―』NHKブックス、二〇一九年三月。斎藤成也『核DNA解析でたどる日本人の源流』河出書房新社、二〇一七年一一月。

＊33―小泉保『縄文語の発見　新版』青土社、二〇一三年五月。
＊34―中尾央・田村光平・有松唯・中川朋美・松本直子・松木武彦「Violence in the prehistoric period of Japan: the spatio-temporal pattern of skeletal evidence for violence in the Jomon period（日本の先史時代における暴力：縄文時代の暴力に対する骨格証拠の時空間的パターン）」https://doi.org/10.1098/rsbl.2016.0028　二〇二一年八月六日閲覧。
＊35―日本語の成り立ちについては、さまざまな説がある。ここでは、多くの研究者に支持され、私も賛同している説を述べておいた。
＊36―「第4章　総括」『青谷上寺地遺跡8　第2次～第7次発掘調査報告書』鳥取県埋蔵文化財センター、二〇〇六年三月。「弥生時代」https://ja.wikipedia.org/wiki/弥生時代　二〇二一年八月二三日閲覧。

## 第四章

＊1―町田健『言語が生まれるとき・死ぬとき』大修館書店、二〇〇一年一月。
＊2―「原爆死没者名簿」https://ja.wikipedia.org/wiki/原爆死没者名簿　二〇二一年一一月三日閲覧。
＊3―平井憲夫「原発がどんなものか知ってほしい」http://iam-k.com/HIRAI/index.html　二〇二一年八月三〇日閲覧。
＊4―「日本の将来推計人口（令和五年推計）」https://www.ipss.go.jp/pp-zenkoku/j/zenkoku2023/pp_zenkoku2023.asp　二〇二三年五月三日閲覧。
＊5―ただし、沖縄は危なかった。屋良朝苗『屋良朝苗回顧録』（朝日新聞社、一九七七年六月）は、本土復帰前の沖縄の子供たちが、アメリカから英語教育を施されそうになり、屋良朝苗が反対し、実現しなかったことを明らかにしている。屋良は日本語を守ったのである。
＊6―小熊英二『〈日本人〉の境界―沖縄・アイヌ・台湾・朝鮮　植民地支配から復帰運動まで―』新曜社、一九九八年七月。
＊7―山井徳行「国語外国語化論の再考Ⅰ―森有礼の『国語英語化論』と志賀直哉の『国語フランス語化論』について」『名古屋女子大学紀要　人文・社会編』五〇号、二〇〇四年三月。https://ci.nii.ac.jp/naid/120005696113　二〇二一年九月二七日閲覧。
＊8―志賀直哉「国語問題」（『志賀直哉全集　第七巻』岩波書店、一九七四年一月、所収）。
＊9―「尾崎行雄」https://ja.wikipedia.org/wiki/尾崎行雄　二〇二一年九月二三日閲覧。

＊10—「二一世紀日本の構想　日本のフロンティアは日本の中にある—自立と協治で築く新世紀—」（「二一世紀日本の構想」懇談会、二〇〇〇年一月）http://www.kantei.go.jp/jp/21century/houkokusyo/0s.pdf　二〇二一年一〇月一三日閲覧。

＊11—船橋洋一『あえて英語公用語論』文藝春秋、二〇〇〇年八月。

＊12—井上史雄「公用語化の必要経費」（中公新書ラクレ編集部＋鈴木義里編『論争・英語が公用語になる日』中央公論新社、二〇〇二年一月、所収）、松田徳一郎「何のための第二公用語か」（中公新書ラクレ編集部＋鈴木義里編『論争・英語が公用語になる日』中央公論新社、二〇〇二年一月、所収）参照。

＊13—宮岡伯人「危機に瀕した言語を救え！⑯　危機言語への日本の貢献」『言語』二九巻四号、二〇〇〇年四月。

＊14—八杉佳穂「危機に瀕した言語を救え！③　文明の衝突と言語の力—中米諸語の存亡—」『言語』二八巻三号、一九九九年三月。

＊15—クロード・アジェージュ著、糟谷啓介訳『絶滅していく言語を救うために—ことばの死とその再生—』白水社、二〇〇四年三月。ダニエル・ネトル、スザンヌ・ロメイン著、島村宣男訳『消えゆく言語たち—失われることば、失われる世界—』新曜社、二〇〇一年五月、など参照。

＊16—鳥飼玖美子『「英語公用語」は何が問題か』（角川書店、二〇一〇年一一月）一四二頁で引用されているエリス俊子教授の発言参照。井上史雄「公用語化の必要経費」（中公新書ラクレ編集部＋鈴木義里編『論争・英語が公用語になる日』中央公論新社、二〇〇二年一月、所収）。

＊17—鳥飼玖美子『子どもの英語にどう向き合うか』NHK出版、二〇一八年九月。

＊18—この違いについては、内田伸子『AIに負けない子育て—ことばは子どもの未来を拓く—』ジアース教育新社、二〇二〇年九月。内田伸子『発達の心理—ことばの獲得と学び—』サイエンス社、二〇一七年二月、参照。

＊19—鳥飼玖美子『国際共通語としての英語』講談社、二〇一一年四月。

＊20—本名信行「英語はアジアの『共通語』」（中公新書ラクレ編集部＋鈴木義里編『論争・英語が公用語になる日』中央公論新社、二〇〇二年一月、所収）。

＊21—藤崎一郎『まだ間に合う—元駐米大使の置き土産—』講談社、二〇二二年二月。

＊22—船橋洋一「英語公用語論の思想」（中公新書ラクレ編集部＋鈴木義里編『論争・英語が公用語になる日』中央公論新社、二〇〇二年一月、所収）。同趣旨の発言は、『あえて英語公用語論』文藝春秋、二〇〇〇年八月、にも見られる。

＊23―「国産自動翻訳の〝自然な日本語〟には理由がある」https://www.nttdocomo.co.jp/biz/special/column/00034/01.html 二〇二一年一一月二七日閲覧。

＊24―「韓国教育は韓国語より英語重視なの？ 韓国の英語熱の現状をクローズアップ！」https://kvillage.jp/column/8005 二〇二一年九月一七日閲覧。

＊25―山口仲美『日本語の歴史』（岩波書店、二〇〇六年五月）の「Ⅴ言文一致をもとめる」の章を参照。

## 第五章

＊1―田中克彦『ことばと国家』岩波書店、一九八一年一一月。

＊2―金時鐘『朝鮮と日本に生きる―済州島から猪飼野へ―』岩波書店、二〇一五年二月。

＊3―金田一春彦『日本語　新版（上）』岩波書店、一九八八年一月。

＊4―今井むつみ『ことばと思考』岩波書店、二〇一〇年一〇月。

＊5―授業時数は、小学三年生から六年生までで二一〇時間。「新学習指導要領で小学校の授業時数等がこう変わる（中学校時数併記）」https://www.programming-edu/com/2018/04/09/jisuu 二〇二一年三月一九日閲覧。

＊6―坂田浩・福田スティーブ「日本人の英語学習時間について―これまでの学習時間とこれから求められる学習時間―」『国際センター紀要・年報（二〇一八）』徳島大学国際センター、二〇一九年三月。

＊7―ヘレン・ケラー著、小倉慶郎訳『奇跡の人　ヘレン・ケラー自伝』新潮社、二〇〇四年八月。

＊8―ヘレン・ケラー著、小倉慶郎訳『奇跡の人　ヘレン・ケラー自伝』新潮社、二〇〇四年八月。

＊9―ヘレン・ケラー著、小倉慶郎訳『奇跡の人　ヘレン・ケラー自伝』新潮社、二〇〇四年八月。

＊10―中田祝夫・峯岸明編『色葉字類抄　研究並びに索引　本文・索引編』（風間書房、一九六四年六月）によって調査をした。

＊11―ドン・クリック著、上京恵訳『最期の言葉の村へ―消滅危機言語タヤップを話す人々との三〇年―』原書房、二〇二〇年一月。

＊12―呉人恵『危機言語を救え！―ツンドラで滅びゆく言語と向き合う―』大修館書店、二〇〇三年六月。

＊13―『新日本古典文学大系　続日本紀　四』岩波書店、一九九五年六月。

＊14―『新編日本古典文学全集　古事記』小学館、一九九七年六月。

＊15―『新編日本古典文学全集　土佐日記　蜻蛉日記』小学館、一九九五年一〇月。

＊16―山口仲美「老女房の誘惑―光源氏と源典侍―」「不幸な結婚―光源氏と女三の宮―」「破綻した結婚―光源氏と紫の上(二)―」(『「源氏物語」を楽しむ―恋のかけひき―』丸善株式会社、一九九七年七月)。なお、同書は『山口仲美著作集　一』(風間書房、二〇一八年一〇月)にも「男と女の会話のダイナミクス」として収録されている。

＊17―山口仲美「二八一段　陰陽師のもとなる小童べこそ―気の利く子―」(『すらすら読める枕草子』講談社、二〇〇八年六月)。なお、同書は『山口仲美著作集　二』(風間書房、二〇一八年一〇月)にも「Ⅲ『枕草子』新しい読み方」として収録されている。また、二〇二三年三月には『すらすら読める枕草子』のタイトルで講談社文庫としても刊行されている。

＊18―鈴木孝夫『ことばと文化』岩波書店、一九七三年五月。

＊19―川端康成著、エドワード・G・サイデンステッカー訳『雪国 Snow Country』Charles E.Tuttle、一九八六年。

＊20―田辺俊介「日本のナショナル・アイデンティティの概念構造―1995 ISSP: National Identity データの実証的検討から―」『社会学評論』日本社会学会編、五二巻三号、二〇〇一年一二月。

＊21―K・デイヴィッド・ハリソン著、川島満重子訳『亡びゆく言語を話す最後の人々』原書房、二〇一三年四月。

＊22―今仲昌宏「シンガポールの二言語教育政策における政治的意義」『研究紀要』東京成徳大学人文学部・応用心理学部研究紀要委員会編、二五号、二〇一八年。横浜勇樹「シンガポールの言語教育政策とアイデンティティ―シンガポール華人への影響を中心に―」『関東学院大学人間環境学会紀要』三四号、二〇二〇年一一月。

＊23―茂木弘道「英語公用語化にプラスはあるのか」(中公新書ラクレ編集部＋鈴木義里編『論争・英語が公用語になる日』中央公論新社、二〇〇二年一月、所収)に引用されている。

＊24―示村陽一「英語国家シンガポールのアイデンティティ―多言語国家における言語政策―」『Global Studies』武蔵野大学グローバルスタディーズ研究所編、二号、二〇一八年三月。

＊25—K・デイヴィッド・ハリソン著、川島満重子訳『亡びゆく言語を話す最後の人々』原書房、二〇一三年四月、に紹介されている。

＊26—山口仲美「コミック世界の擬音語・擬態語」（『築島裕博士傘寿記念　国語学論集』汲古書院、二〇〇五年一〇月）。なお、同論文は、『山口仲美著作集　五』（風間書房、二〇一九年一〇月）にも収録されている。

＊27—K・デイヴィッド・ハリソン著、川島満重子訳『亡びゆく言語を話す最後の人々』原書房、二〇一三年四月。

## 第六章

＊1—「音韻」（『日本語百科大事典　縮刷版』大修館書店、一九九五年五月）。「英語」（『言語学大辞典』巻一、三省堂、一九八八年三月）。「＃１０２１．英語と日本語の音素の種類と数」http://user.keio.ac.jp/~rhotta/hellog/2012-02-12-1.html　二〇一二年七月二〇日閲覧。

＊2—「英語」（『言語学大辞典』巻一、三省堂、一九八八年三月）。「＃１０２１．英語と日本語の音素の種類と数」http://user.keio.ac.jp/~rhotta/hellog/2012-02-12-1.html　二〇一二年七月二〇日閲覧。

＊3—『新訂　世界言語文化図鑑—世界の言語の起源と伝播—』バーナード・コムリー、スティーヴン・マシューズ、マリア・ポリンスキー編、片田房訳、東洋書林、二〇〇五年一月。

＊4—「ロシア語（ru-RU）」https://docs.aws.amazon.com/ja-jp/polly/latest/dg/ph-table-russian.html　二〇一二年七月二〇日閲覧。

＊5—「コイサン諸語」https://ja.wikipedia.org/wiki/コイサン諸語　「クン語」https://ja.wikipedia.org/wiki/クン語　ともに二〇一二年七月二〇日閲覧。

＊6—ドン・クリック著、上京恵訳『最期の言葉の村へ—消滅危機言語タヤップを話す人々との三〇年—』原書房、二〇二〇年一月。

＊7—ニコラス・エヴァンズ著、大西正幸・長田俊樹・森若葉訳『危機言語—言語の消滅でわれわれは何を失うのか—』京都大学学術出版会、二〇一三年一月。ここでは、「ピラハン語」と呼ばれている。「ピダハン語」https://ja.wikipedia.org/wiki/ピダハン語　二〇一二年六月六日閲覧。

＊8—楳垣実『バラとさくら：日英比較語学入門』大修館書店、一九六一年五月、参照。

＊9―ピーター・フランクル『美しくて面白い日本語』宝島社、二〇〇二年四月。
＊10―玉上琢彌『源氏物語音読論』岩波書店、二〇〇三年一一月。
＊11―楳垣実『バラとさくら：日英比較語学入門』大修館書店、一九六一年五月。
＊12―楳垣実『バラとさくら：日英比較語学入門』大修館書店、一九六一年五月。
＊13―柴谷方良「日本語は特異な言語か？―類型論から見た日本語―」『言語』一〇巻一二号、一九八一年一二月。松本克己「日本語の類型論的位置づけ―特に語順の特徴を中心に―」『言語』創刊一五周年記念別冊、一九八七年六月。角田太作『世界の言語と日本語―言語類型論から見た日本語―』くろしお出版、一九九一年四月。
＊14―角田太作『世界の言語と日本語―言語類型論から見た日本語―』くろしお出版、一九九一年四月。
＊15―ニコラス・エヴァンズ著、大西正幸・長田俊樹・森若葉訳『危機言語―言語の消滅でわれわれは何を失うのか―』京都大学学術出版会、二〇一三年二月。
＊16―K・デイヴィッド・ハリソン著、川島満重子訳『亡びゆく言語を話す最後の人々』原書房、二〇一三年四月。
＊17―角田太作『世界の言語と日本語―言語類型論から見た日本語―』くろしお出版、一九九一年四月。
＊18―角田太作『世界の言語と日本語―言語類型論から見た日本語―』くろしお出版、一九九一年四月。
＊19―南不二男『敬語』岩波書店、一九八七年二月。「敬語」『言語学大辞典』巻六、三省堂、一九九六年一月。
＊20―「朝鮮語」『言語学大辞典』巻二、三省堂、一九八九年九月。
＊21―辻村敏樹『敬語論考』明治書院、一九九二年三月。
＊22―降幡正志「多層な文化を支える言語―インドネシア・西部ジャワ―」（大角翠編著『少数言語をめぐる10の旅―フィールドワークの最前線から―』三省堂、二〇〇三年三月、所収）。
＊23―「スンダ語」『言語学大辞典』巻二、三省堂、一九八九年九月。
＊24―「敬語」『言語学大辞典』巻六、三省堂、一九九六年一月。

## 第七章

＊1―『言語学大辞典』別巻（三省堂、二〇〇一年七月）は、「世界文字辞典」の巻であるが、そこに掲載されている言語数が三〇〇なので、この数字を目安として使用した。

＊2―韓国も漢字廃止政策を実施するまでは、ハングルと漢字を合わせ使用していたが、今はハングルのみになっている。「朝鮮における漢字」https://ja.wikipedia.org/wiki/朝鮮における漢字　二〇二三年九月八日閲覧。

＊3―厳密に言うと、日本語の場合と少々性質が異なっている。たとえば、シュメール文字は、表音文字と言っても、日本語の万葉仮名と同じく表語文字と字形が同じであったりする。「シュメール文字」「エジプト文字」「ヒッタイト文字」『言語学大辞典』別巻、三省堂、二〇〇一年七月、参照。

＊4―笹原宏之「漢字」のⅢ『言語学大辞典』別巻、三省堂、二〇〇一年七月。

＊5―沖森卓也「万葉仮名」『日本語学大辞典』東京堂出版、二〇一八年一〇月。

＊6―上から五字目の「而」は、「そして」などの意味を持った字であるが、訓読では読まない。「置き字」と言われる。

＊7―山口仲美「和文体の歴史」（辻村敏樹編『講座　日本語と日本語教育10　日本語の歴史』明治書院、一九九一年七月、所収）。なお、同論文は、『山口仲美著作集　四』（風間書房、二〇一九年五月）にも収録。

＊8―萩谷朴編『影印本　土左日記』新典社、一九六八年三月。

＊9―山口仲美「女をおんぶして町中をゆく話」『平安朝〝元気印〟列伝』丸善株式会社、一九九二年一二月。なお、同章は『山口仲美著作集　三』（風間書房、二〇一八年一二月）のⅡ『今昔物語集』の表現方法」に「ビジュアルに描く―巻五第四話―」として収録。

＊10―中野佐三「国字問題―ひらかな・かたかな―」（遠藤嘉基ほか編『コトバの科学6　コトバの工学』中山書店、一九五八年七月）。

＊11―窪田富男「基本語・基礎語」（玉村文郎編『講座　日本語と日本語教育6　日本語の語彙・意味（上）』明治書院、一九八九年八月）。

＊12―中野洋「単語の数はどのくらいあるか」（岩淵悦太郎、西尾寅弥編『新・日本語講座1　現代日本語の単語と文字』汐文社、一九七五年一月）。

＊13―大倉美和子「日本語とスペイン語の語彙の対照」（玉村文郎編『講座　日本語と日本語教育7　日本語の語彙・意味（下）』明治書院、一

九九〇年二月)。

＊14―寺澤盾「英語標準化の諸相―二〇世紀以降を中心に―」(高田博行、田中牧郎、堀田隆一編著『言語の標準化を考える―日中英独仏「対照言語史」の試み―』大修館書店、二〇二二年五月)。

＊15―「振り仮名」『言語学大辞典』巻六、三省堂、一九九六年一月。

＊16―岩淵匡「振り仮名の役割」(加藤彰彦編『講座　日本語と日本語教育9　日本語の文字・表記(下)』明治書院、一九八九年一二月)。

＊17―国立国語研究所『現代雑誌九十種の用語用字　第三分冊　分析』秀英出版、一九六四年七月。

＊18―国立国語研究所『現代雑誌の語彙調査―一九九四年発行七〇誌―』二〇〇五年三月。国立国語研究所『現代雑誌二〇〇万字言語調査語彙表(CD-ROM版)Ver1.0』二〇〇六年三月。

＊19―金愛蘭「二〇世紀後半の新聞語彙における外来語の基本語化」『阪大日本語研究』別冊三号、二〇一一年二月。金愛蘭「日本語の攻防―語彙―日本語の基本語彙に入り込む外来語―」『日本語学』三二巻三号、二〇一三年三月。

＊20―石井正彦「日本語の攻防―語彙―和語・漢語・外来語―基本語彙に見る攻防―」『日本語学』三二巻一一号、二〇一三年九月、参照。

＊21―井上優「中国的外来語受容法」『日本語学』二二巻八号、二〇〇三年七月。

＊22―曺喜澈「韓国における外来語」『日本語学』二二巻八号、二〇〇三年七月。

＊23―曺喜澈「韓国における外来語」『日本語学』二二巻八号、二〇〇三年七月。

＊24―田中牧郎「日本語の攻防―語彙―外来語とその言い換え―」『日本語学』三二巻四号、二〇一三年四月。

＊25―国立国語研究所『分類語彙表』秀英出版、一九六四年三月。

＊26―中野洋「『分類語彙表』の語数」『計量国語学』一二巻八号、一九八一年三月。

＊27―山口仲美「感覚・感情語彙の歴史」(森岡健二ほか編『講座　日本語学』四巻、明治書院、一九八二年一月)。なお、同論文は、『山口仲美著作集　四』(風間書房、二〇一九年五月)にも同タイトルで収録。

＊28―山口仲美「男女の泣き方の推移―オノマトペからとらえる―」(『山口仲美著作集　五』風間書房、二〇一九年一〇月、所収)。

## 第八章

＊1—土田滋「言語が消えるとき、何が起こるか」『地学雑誌』一一一巻一号、二〇〇二年二月。

＊2—ダニエル・ネトル、スザンヌ・ロメイン著、島村宣男訳『消えゆく言語たち—失われることば、失われる世界—』新曜社、二〇〇一年五月。

＊3—山口仲美「音象徴語研究の一視点」『国語語彙史の研究　七』一九八六年一二月。同論文は、『山口仲美著作集　五』（風間書房、二〇一九年一〇月）に「音象徴語研究の必要性」と改題して収録。

＊4—R・M・W・ディクソン著、大角翠訳『言語の興亡』岩波書店、二〇〇一年六月。

＊5—クロード・アジェージュ著、糟谷啓介訳『絶滅していく言語を救うために—ことばの死とその再生—』白水社、二〇〇四年三月。「ヘブライ語」https://ja.wikipedia.org/wiki/ヘブライ語　二〇二三年一一月一五日閲覧。

＊6—R・M・W・ディクソン著、大角翠訳『言語の興亡』岩波書店、二〇〇一年六月。

＊7—外国の教科書については、タイトル・出版社名を省略しているが、それらを記す文字数が多く、かつ、それらの文字をうまく写しとることが難しい場合が多いので、やむを得ず、一律、省略に従った。ご寛恕を請う。

＊8—初心者向けの教科書や読み誤りの許されない聖典コーランなどには、例外的に母音符号が付いていることがあるが、普通の文章には付いていない。「アラビア語アルファベットの書き方と読み方のしくみ」https://alarabiyah.sakura.ne.jp/arabic/writeread/howtowriteread/#:~:text=アラビア語文はどうやって読まれる？　も参照。二〇二三年一〇月二六日閲覧。

＊9—「エチオピア文字」『言語学大辞典』別巻、二〇〇一年七月。

＊10—世宗が単独で作ったという説もある。朴鎮浩（パク・ジノ）「民のための表音文字」『koreana』二八巻三号、二〇二一年秋。「ハングル」https://ja.wikipedia.org/wiki/ハングル　二〇二三年一〇月二日閲覧。

＊11—萱野茂『ひとつぶのサッチポロ—アイヌの昔話—』平凡社、一九七九年一〇月。島津礼子「先住民アイヌの知識、自然観と持続可能性—アイヌの口承文芸に焦点を当てて—」『広島大学大学院教育学研究科紀要　第三部　教育人間科学関連領域』六六号、二〇一七年一二月。

＊12—宇梶静江『大地よ！—アイヌの母神、宇梶静江自伝—』藤原書店、二〇二〇年三月。

＊13―K・デイヴィッド・ハリソン著、川島満重子訳『亡びゆく言語を話す最後の人々』原書房、二〇一三年四月。

＊14―K・デイヴィッド・ハリソン著、川島満重子訳『亡びゆく言語を話す最後の人々』原書房、二〇一三年四月。

＊15―ニコラス・エヴァンズ著、大西正幸・長田俊樹・森若葉訳『危機言語―言語の消滅でわれわれは何を失うのか―』京都大学学術出版会、二〇一三年二月。

＊16―K・デイヴィッド・ハリソン著、川島満重子訳『亡びゆく言語を話す最後の人々』原書房、二〇一三年四月。

＊17―「カラワヤ語」https://wblog.wiki/ja/kallawaya_language　二〇二二年一〇月七日閲覧。

＊18―島津礼子「先住民アイヌの知識、自然観と持続可能性―アイヌの口承文芸に焦点を当てて―」『広島大学大学院教育学研究科紀要　第三部　教育人間科学関連領域』六六号、二〇一七年一二月。

＊19―「マカ族」https://ja.wikipedia.org/wiki/マカ族　二〇二二年九月一六日閲覧。

＊20―K・デイヴィッド・ハリソン著、川島満重子訳『亡びゆく言語を話す最後の人々』原書房、二〇一三年四月。

＊21―K・デイヴィッド・ハリソン著、川島満重子訳『亡びゆく言語を話す最後の人々』原書房、二〇一三年四月。

＊22―ニコラス・エヴァンズ著、大西正幸・長田俊樹・森若葉訳『危機言語―言語の消滅でわれわれは何を失うのか―』京都大学学術出版会、二〇一三年二月。

＊23―K・デイヴィッド・ハリソン著、川島満重子訳『亡びゆく言語を話す最後の人々』原書房、二〇一三年四月。

＊24―クロード・アジェージュ著、糟谷啓介訳『絶滅していく言語を救うために―ことばの死とその再生―』白水社、二〇〇四年三月。「マオリ語」https://ja.wikipedia.org/wiki/マオリ語　二〇二二年九月一九日閲覧。

＊25―ダニエル・ネトル、スザンヌ・ロメイン著、島村宣男訳『消えゆく言語たち―失われることば、失われる世界―』新曜社、二〇〇一年五月。

＊26―「ハワイ語」https://ja.wikipedia.org/wiki/ハワイ語　二〇二一年八月二日閲覧。

＊27―金田一春彦『日本語　新版（下）』岩波書店、一九八八年三月。

＊28―鳥飼玖美子「英語教育から見る日本語の将来―グローバル世界を生きる―」『日本学術会議主催公開講演会「日本語の将来」予稿集』二〇一〇年九月。

*29―宮島達夫「世界の言語と日本語の将来」『ことばと文字』公益財団法人日本のローマ字社、一号、二〇一四年四月。ダニエル・ネトル、スザンヌ・ロメイン著、島村宣男訳『消えゆく言語たち―失われることば、失われる世界―』(新曜社、二〇〇一年五月)でも、両親がバイリンガルであると、子供は優勢な言語だけを話すモノリンガルになることが指摘されている。

*30―K・デイヴィッド・ハリソン著、川島満重子訳『亡びゆく言語を話す最後の人々』(原書房、二〇一三年四月)に引用されている詩。

# 著者略歴

## 山口仲美《やまぐちなかみ》

一九四三年生まれ。日本語学者。お茶の水女子大学卒業。東京大学大学院修士課程修了。文学博士。埼玉大学名誉教授。文化功労者。古典語から現代語までの日本語の歴史を研究。とくに『犬は「びよ」と鳴いていた』（光文社）、『ちんちん千鳥のなく声は』（大修館書店）など、擬音語・擬態語の歴史的研究は、高く評価されている。論文「源氏物語の比喩表現と作者（上）（下）」で日本古典文学会賞、『平安文学の文体の研究』（明治書院）で金田一京助博士記念賞、『日本語の歴史』（岩波書店）で日本エッセイスト・クラブ賞受賞。また、「日本語に関する独創的な研究」が評価され、二〇二二年に日本学賞を受賞。二〇〇八年紫綬褒章、二〇一六年瑞宝中綬章を受章。

幻冬舎新書　694

# 日本語が消滅する

二〇二三年六月三十日　第一刷発行

著者　山口仲美
発行人　見城　徹
編集人　小木田順子
編集者　四本恭子

発行所　株式会社　幻冬舎
〒一五一-〇〇五一　東京都渋谷区千駄ヶ谷四-九-七
電話　〇三-五四一一-六二一一(編集)
　　　〇三-五四一一-六二二二(営業)
公式HP　https://www.gentosha.co.jp/

ブックデザイン　鈴木成一デザイン室
印刷・製本所　株式会社　光邦



や-9-2



Printed in Japan　ISBN978-4-344-98696-1 C0295

＊この本に関するご意見・ご感想は、左記アンケートフォームからお寄せください。
https://www.gentosha.co.jp/e/